이기적 리더

구성원과 조직을 키우는

이기적 리더

SELFISH

◆ 김한솔 지음 ◆

 나를 위한 리더십이
전체의 성과를 만든다!

위아래로 치이는 샌드위치 리더에서
스스로를 위하는 이기적 리더로

LEADER

프롤로그

이제 막 승진을 한 신임 리더들에게 물어봤다.

"리더가 되니 어떤 점이 좋으세요?"

이 질문에 선뜻 '이런 부분이 좋네요'라고 말하는 사람을 거의 만나지 못했다. 대부분 "좋은 건 딱히 없고요…"로 시작해 힘들다는 하소연으로 이어진다. 지금까지 깊게 고민해보지 않았던 '관계'에 대한 이슈가 많아져 관리가 힘들다는 것이다. 성과에 대한 조직의 기대치가 커진 탓에 심적 부담을 토로하기도 한다. 그래서일까, 요즘 많은 구성원이 이렇게 말한다.

"굳이 리더가 돼서 사서 고생하고 싶지 않아요."

리더라는 자리가 어쩌다 이렇게 됐을까? 어릴 땐 누구나 '반장' 한 번쯤 하고 싶었다. 남들에게 영향력을 끼치는 '멋진 사람'이 리더였다. 그런데 성인이 되어서는 '기피 대상'이 됐다. 위아래 샌드위치처럼 끼여서 여기저기서 치이는 존재처럼 보인다. 그런데 조직에선 리더가 없어서는 안 된다. 그래서 끊임없이 리더를 키운다. 리더가 '필요'한 조직과 리더를 '회피'하는 직원, 둘 간의 간극을 어떻게 좁혀야 할까?

불현듯 "왜"라는 질문이 떠올랐다. 일하기도 바쁜 리더가 왜 조직 문화를 챙겨야 할까? 구성원들이 일을 더 잘할 수 있도록 관리해야 하는 이유는 뭘까? 내 일 챙기기도 버거운데 왜 굳이 코칭을 하고 면담을 해야 할까? 위에서 시키니까? 그 일을 하는 게 리더의 역할이니까? 다 맞는 말이다. 그런데 그 이유만으로 리더 자리에 앉아서 책임을 떠안는 건, 리더에겐 너무 과도한 짐이다.

그래서 생각했다. 과연 그게 리더에게 주어진 '짐'이기만 할까? 리더가 일하기 좋은 조직문화를 만들었다. 동료끼리 서로 배려하고 협업을 하게 됐다. 덕분에 성과가 잘 나온다. 리더인 내가 원하는 모습이다. 업무를 구체적으로 가이드하고 그들의 문제 해결을 위해 힘을 보탰다. 구성원들의 업무 처리 시간이 빨라져 성과가 좋아졌다. 이 역시 리더 자신에게 좋은 결과다. 바쁜 시간을 쪼개 코칭을 해서 필요한 걸 파악하고 구성원들을 성장시켰다. 그랬더니 서툴던 일들도 척척 해 낼 수준이 됐다. 덕분에 원래는 리더인 내가 다 챙겨야 했던 난이도의 일도 맡길 수 있게 됐다. 내 시간은 여유가 생기고 우리 조직의 성과도 좋아진다. 결국 리더인 나에게 좋은 일이다. 조직문화를, 구성원의 업무를, 개개인의 성장을 위해 리더가 노력한 것의 혜택이 다 나에게 온다.

이처럼 리더가 리더십을 발휘하는 것은 지극히 '이기적'인 행동이다. 조직이나 구성원을 위한 희생이 아닌 나를 위한 것이다. 리더들이 '나'를 생각하며 조직을 들여다보면 좋겠다. 나의 업무 시간을 좀 더 효율적으로 쓰기 위해 구성원들의 업무를 챙기자. 나 좋자는 마음으로 구성원을 성장시키면 된다. 이를 더 잘하기 위해 필요한 게 리더십 스킬이다.

　이 책은 나를 위한 리더십을 발휘하기 위해 필요한 스킬을 담았다. 1장은 '관계'를 고민하는 리더를 위한 내용이다. 다가가면 오히려 멀어지려 하는 구성원과 거리감을 좁히려면 어떻게 대해야 할지 힌트를 얻으면 좋겠다. 2장은 '업무'의 성과를 높이기 위한 내용이다. 상대를 설득하는 법, 까다로운 협상 상황을 이겨내기 위한 스킬을 담았다. 3장은 스스로와 구성원의 '마음' 관리가 필요한 리더를 위한 내용이다. 리더의 작은 변화가 조직에는 큰 영향력을 끼칠수 있음을 인식했으면 좋겠다. 꼭 순서대로 읽지 않아도 된다. 맡고있는 조직의 상황에 따라, 각자의 고민에 따라 필요한 부분을 읽어도 된다.

위에서 쪼임 당하고 아래에서 들이받히는 '낀 세대'의 리더들이 조금만 더 힘을 내면 좋겠다. 조직을 끌고 가는 게 나를 위한 것이라는 조금은 이기적인 마음으로 리더십을 더 잘 발휘하면 좋겠다. 리더의 이기심 덕분에 조직의 성과도, 구성원의 성장도, 그리고 리더 스스로의 발전도 이뤄내면 좋겠다. 우리는 모두 '나'의 인생을 살아야 할 책임과 권리가 있는 사람이니까.

김한솔

SELFISH LEADER

PART 2 이기적 리더의 업무 관리법
나를 깨워 상대를 움직인다

PART 3 이기적 리더의 마음 관리법
구성원의 변화가 곧 리더의 성과다

SELFISH
LEADER

PART 1

이기적 리더의 관계 관리법
감정에 직면하는 용기가
공감을 만든다

이기적 리더는
구성원을 궁금해한다

예전에 함께 일했던 구성원을 우연히 만난 리더. 반가운 마음에 차 한잔을 건네며 묻는다.

"옮긴 팀에서 일은 괜찮아?"

"네, 충분히 배려해주셔서 잘 적응하고 있습니다."

"그래, 다행이네."

반갑게 불러 세웠지만 딱히 할 말이 없어진 리더. 어색한 분위기를 깨기 위해 대화를 이어간다. 평소 대화를 잘 하려면 '질문'이 중요하다고 들었으니, 물어보기를 시도한다.

"둘째가 아들이랬나?"

"아… 저 쌍둥이로 딸만 둘이요. 하하."

"아, 그랬지? 내가 헷갈렸네…. 허허… 몇 학년이지?"

"아직 학교는… 이제 여섯 살 됩니다, 말씀처럼 빨리 좀 컸으면 좋겠는데 말이죠….

"그렇군…. 허허허…."

몇 번의 어색한 질문이 오간 후, 대화는 끝난다. 이 소통에서 문제
는 무엇일까? 질문으로 시작된 리더의 대화 '스킬'은 문제가 없었
다. 문제는 '알맹이'다. 사람들이 가끔 착각할 때가 있다. 소통을 스
킬이라고만 생각하는 것이다. 그래서 대개들 질문법을 공부하고
경청의 원리를 배운다. 물론 필요한 것들이지만, 그것에 앞서 준비
해야 하는 게 있다. 바로 '마음'이다. 내 앞의 상대와 어떤 관계를 맺
고 싶은지를 먼저 생각해야 한다는 의미다.

　그럼 소통 스킬이 부족해도 통하는 대화를 하려면 무엇이 필요
할까?

사적으로도 관심 갖기

'실리콘밸리'하면 어떤 이미지가 떠오르는가? IT, 신기술, 높은 연
봉, 치열한 경쟁 등 다양한 단어가 떠오른다. 세계를 이끌어가는 수
많은 기술이 나오는 실리콘밸리의 리더가 구성원에게 항상 하는
질문이 있다면 뭘까? 기술 개발이 중요한 곳이니 개발 진척도를 매
일 체크하고 있을까? 그곳에서 일하는 사람은 이미 탁월하니 일 관
리는 필요 없을 테고, "뭘 도와줄 수 있을까?"라고 물을까? 둘 다 필

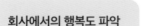

Are you happy?

회사에서의 행복도 파악	사적으로 이해하는 기회
• 팀 동료와 마찰은 없는지?	• 개인적 이슈는 없는지?
• 다른 프로젝트 리더와 갈등은 없나?	• 주말에 행복한 일이 있었는지?
• 업무량이 너무 많진 않나?	• 풀고 싶은 고민은 없는지?

요한 질문이고 리더가 해야 할 일인 것은 맞다. 그런데 이들이 구성원에게 관심을 갖고 하는 질문은 의외였다.

"Are you happy?"

그냥 의례적으로 "괜찮아요?"라고 묻는 게 아니다. 'really happy'를 계속 묻고 또 묻는 게 이들의 문화라고 한다. 리더들이 착해서일까? 아니다. 그게 조직의 성과 창출에 도움이 되기 때문이다. 다음의 두 가지 측면에서 그렇다.

첫 번째는, 이 질문을 통해 '회사에서의 행복도'를 파악할 수 있다. 팀 동료와 마찰은 없는지, 다른 프로젝트 리더와 갈등은 없는지, 혹은 업무량이 너무 많아 허덕이고 있진 않은지를 "행복한가요?"라는 질문 하나로 파악해볼 수 있다. 이렇게 모은 정보를 토대로 리더는 구성원 간의 갈등을 해결할 수 있고, 업무 재분배 등을 시도해볼 수도 있다.

두 번째가 더 중요한데, 구성원을 '제대로' 이해하는 계기를 만들 수 있어서다. 개인적으로 주말에 행복한 일이 있었다면, 혹은 풀리지 않는 일상의 고민이 있다면, "행복한가요?"라는 질문에 답하며 자연스레 이야기를 나눌 수 있기 때문이다.

직장 생활을 하다 보면 흔히 듣는 말이 있다. "공사 구분해. 회사에서 개인적인 감정 때문에 일에 지장 주지 마." 얼핏 들으면 맞는 말 같다. 회사는 나에게 '돈'을 주는 대신, 조직 성과 창출에 기여할 '시간'을 산 것이다.

하지만 안타깝게도 우리는 사람이기에 공公, 다시 말해 일의 영역과 사私, 즉 개인적 감정 등을 무 자르듯 구분할 수 없다. 지난 밤, 갑자기 아이가 아파 응급실에 다녀온 부모가 출근지문을 찍은 순간 아이에 대한 걱정을 잊을 수 있을까? 결혼을 앞두고 전세자금 마련이 쉽지 않아 고민인 직원이 퇴근 순간까지 일에만 집중할 수 있을까? 불가능한 이야기다. 그래서 리더는, 더 나아가 조직은 구성원 개개인의 상황, 거창하게는 그들의 행복을 챙겨야 한다.

소통하고 싶은데 마음대로 잘 되지 않아 안타까운 상대가 있는가? 스스로에게 물어보자. '지금 그 사람의 가장 큰 고민은 뭐지?' '상대가 최근 뭘 할 때 가장 즐거움을 느끼지?' 이 질문에 선뜻 답하지 못한다면, 소통은 어렵다.

잊지 말자, 소통의 시작은 '관심'이다.

진심어린 호기심 갖기

상대에 대해 충분히 알았다면 대화는 물 흐르듯 흘러갈 수 있을까? 안타깝지만 항상 그렇진 않다. 앞서 예를 든 상황으로 설명해보자.

> 간밤에 아이와 응급실에 다녀와 불편한 마음으로 출근한 동료. 상황을 알게 된 당신은 어떻게 대화를 시작하면 좋을까?
> "어휴, 힘들었겠네. 나도 애가 그맘때 열이 나서 응급실을 몇 번이나 갔는데, 지나고 나면 별거 아니더라고. 응급실 가봐야 해주는 것도 없고…."

혹시 위와 같은 류의 대화가 떠올랐다면, 당신은 소통을 잘 못하는 사람이다. 하지만 이를 두고 비난할 순 없다. 사람은 본능적으로 '내 얘기'를 하고 싶어 하기 때문이다. 그런데 진짜 소통을 하고 싶다면 참아야 한다. 그냥 다음과 같이 말하고 들어주면 된다.

"정말? 어쩌다? 많이 아픈 거야?"

몇 번의 짧은 감탄사만으로도 상대에게 충분히 공감하고 있음을 드러낼 수 있다. 그리고 그 과정에서 "지금은 좀 괜찮아지긴 했는데…"라며 스스로를 위로하는 대화로 흘러가기도 한다.

결국 "'경청'하라는 건가요?"라는 의문이 생길 수 있다. 맞다, 하지만 그냥 듣기만 하라는 이야기가 아니다. 우리가 상대의 말에 귀를 기울이며 듣게 되는 순간은 언제인가? 정말 궁금할 때다. 얼마나 힘들었는지, 아이의 지금 상태는 어떤지 궁금하면 묻게 된다. 그래서 소통이 되려면 경청 스킬을 발휘하기 이전에 상대가 가진 문제에 대한 '호기심'이 필요하다.

조직에선 어떨까? 안타깝게도 대부분의 리더가 호기심이 없다. 특히나 구성원의 '문제 상황'에 대해서는 더 그렇다. 그러다 보니, 일이 많다고 푸념하는 구성원에게 공감을 해준다고 "어쩌겠어, 조직이라는 게 다 그렇지"라며 오히려 문제를 부추기거나, 위로를 해주겠다며 "나는 더 힘든 일도 많았어, 그 정도는 참고 해보자" 류의 꼰대 같은 잔소리만 하게 된다. 왜 힘든지 진심으로 궁금해하지 않기 때문에 그런 대응이 나오는 것이다.

리더 스스로 '나는 당신보다 경험이 많으니까', '조직의 속성을 내가 더 잘 아니까', '그 문제는 잘 알고 있으니까'라고 믿어서다. 그런데 정말 안 들어도 알까? 상대가 힘들어하는 이유를 타인인 내가 다 알 순 없다. 상대는 내가 힘든 것과 전혀 다른 맥락 때문에 어려움을 느낄 수도 있는데, 이를 모른 채 "나도 그랬어"라고 말하면 소통은 끊어질 수밖에 없다. 문제도 모르는 상태에서 답을 주겠다고 나서는 것처럼 무모한 행동도 없다.

누군가에게 '큰 문제 아닌 것 같은데 저 직원은 왜 이렇게 힘들어할까?', '점심시간만 되면 사라졌다가 느지막이 나타나는데 무슨 일 있는 건가?' 같은 호기심이 생기면 판단하기 전에 묻자. 그리고 내 예상과 다른 답변이 나오면 더 자세히 물어보자. 이런 게 대화고 소통이다.

소통하라고 해서 상대의 얘기를 그냥 '참고 들어주라'는 말이 아니다. 그건 성인군자나 가능한 행동이다. 단순하게 생각하자. 상대의 문제에 궁금증을 갖자. 작은 호기심 하나가 대화를 이어주는 큰 물꼬가 될 수 있다.

Essential tip

무엇보다, 내 의도를 충분히 설명해도 이해하지 않으려는 사람과의 대화는 힘들다. 나에 대해 오해하며 반발하는 상대와 마주앉는 것 자체가 부담스럽다. 이만큼 소통은 어렵다. 그래서 말로 설득하는 기술이 뭔지, 상대의 마음을 돌리기 위한 화법에는 무엇이 있는지 등을 배워야 한다. 하지만 기술보다 더 중요한 것은 상대를 향한 나의 마음이다. 상대가 무엇에 관심을 갖는지 '호기심'을 갖고 계속 접근한다면, 비록 그 스킬이 서툴더라도 진심은 전달된다. 연설을 통해 수많은 사람을 자기 편으로 만든 윈스턴 처칠 영국 수상이 말 더듬이였더라도 말이다. 결국 핵심은 '상대방'이다.

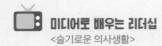
미디어로 배우는 리더십
<슬기로운 의사생활>

올바르게 질문하고
감정을 자극해 설득한다

'응답하라' 시리즈로 레트로 열풍을 일으킨 제작진이 만든 '병원' 이야기가 있다. 바로 tvN의 〈슬기로운 의사생활〉이다. 시즌2까지 높은 시청률을 기록한 이 드라마는, 제목에서 드러나듯 '의사' 이야기다. 그런데 일반적인 의학드라마와는 사뭇 다르다. 의사들의 생활을 그리고 있다. 교수와 레지던트, 의대 실습생 등 병원에 존재하는 다양한 인간 군상의 에피소드가 펼쳐진다. 여기서 우리는 중요한 리더십을 배울 수 있다.

질문의 의도를 설명하라

상사들은 다음과 같은 질문을 많이 한다.

"왜 그래야 하지?"

"정말 그 방법이 맞아?"

이러는 이유는 다양하다.

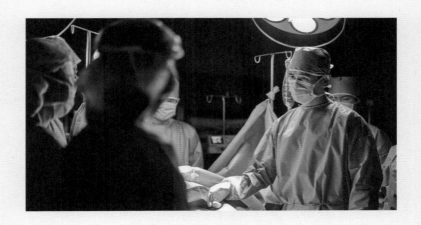

　정말 궁금해서 묻기도 하고, 왜 그런 아이디어를 생각했는지 알고 싶어서일 때도 있다. 구성원 스스로 모르는 걸 깨닫고 더 나은 방법을 직접 찾아내길 바라서이기도 하다.

　하지만 구성원 입장은 좀 다르다. 질문병이 있는 상사와 함께 일하는 자체가 괴롭다. 질문을 받는 당사자는 '평가받는다'는 부담을 느껴서다. 혹은 시간이 없어 빨리 찾고 싶은데 묻기만 하니 답답해지기도 한다. 그래서 "질문 좀 그만하고 답을 주세요!"라고 말하고 싶을 때가 많다.

　구성원이 스스로 생각하게끔 질문을 하는 리더와 부담스러우니 질문 좀 하지 말아 달라는 구성원. 이 문제를 어떻게 풀어야 할까? 답을 먼저 말하면 리더의 '설명'이다. 왜 그런 질문을 하는지 맥락을 설명해줘야 한다는 의미다.

　이 드라마의 '채송화' 교수가 질문병 리더다. 수술장에서 불쑥 "수술할 때 세척 잘하는 게 중요한 거 알겠지?"라는 질문에 "네"라고 답을 하니 "왜 중요해?"라고 다시 묻고, 치료 방법에 대한 브리핑을 듣고는 "진짜 그게 맞아?"라고 되묻는다. 어떤 수술법이 좋을까를 결정하는 회의 자리에서도 마찬가지다. 본인이 생각하는 답이 있지만, 후배 의사가 생각하는 방법을 묻고 발표를 듣는다. 그리고는 잠시의 침묵 후 결론짓는다.

"좋네, 그렇게 해보자."

후배 의사들은 안도의 한숨을 내쉬며 또 한고비 넘겼다는 표정이다. 여기까지만 보면 채송화 교수는 참 같이 일하기 힘든 리더다. 그런데 회의를 마친 뒤 본인에게 계속 '질문 괴롭힘'을 당한 후배를 불러 말하는 걸 보면 생각이 달라진다. 질문병 리더답게 시작은 또 질문이다.

"내가 오늘 질문을 몇 번이나 했지?"

그러고는 본인이 자꾸 질문하는 이유를 설명해준다.

"수술을 하거나 환자를 대할 때 긴장을 놓지 말라고. 내가 1년에 200번 이상 수술하지만, 이게 익숙해져서는 안 되는 일이니까."

이 설명을 듣고 나면, 앞으로 또 질문을 받았을 때 나를 테스트하려 한다는 부담감도 생기겠지만 '혹시 내가 충분히 알아보지 않고 익숙한 결정을 한 건 아닌지' 점검하게 되지 않을까? 나를 괴롭히기 위한 게 아니라 '잘하길 바라는 마음'에서 묻는다는 사실을 아느냐 모르느냐의 사이에는 작지만 큰 차이가 있다.

스스로 아는 게 전부가 아닐 때가 많으므로, 리더도 물어야 한다. 그리고 질문을 통해 배워야 한다. 하지만 안타깝게도 물어도 답이 잘 오지 않는다. 그래서 리더들은 질문하기를 포기한다. 하지만 문제는 질문이 아니라 그 앞의 '설명'이다. 질문을 듣는 상대가 질문을 하는 이유를 제대로 알아야 한다. 그래서 맥락 설명이 중요하다.

　여기서 오해하지 말자. 그 맥락을 굳이 아름답게 포장할 필요는 없다. 정말 후배 구성원이 잘 아는지 모르는지 테스트하고 싶을 때도 질문할 수 있다. 다만 "이건 중요한 포인트라 꼭 알고 있어야 하는 거라서 확인하기 위해 묻는다"라고 의도를 명확히 말하라. 그래야 구성원이 '리더가 생각하는 정답'이 무엇일까의 관점에서 고민한다. 리더인 나 자신도 아이디어가 없어 질문하는 거라면 "나도 딱히 좋은 방법이 없어서 묻는 건데, 어떤 의견이라도 좋으니 제안해달라"고 밝혀야 한다. 이런 배경을 밝혀야 "그게 말이 되는 거라고 생각해?" 류의 비난을 듣지 않을 것이란 안도감을 갖고 아이디어를 제시할 수 있다. 문제는 항상 상대가 생각하는 바를 오해할 때 생기는 법이다.

감정을 움직여라

　사람들이 편한 일을 찾는 건 의사 세계에서도 마찬가지다. 그러다 보니 힘든 과에는 지원자가 적다. 그래서 제한된 의대생 중 좋은 인재를 자기 과로 끌어오는 작업이 필요하다. 이때 어떻게 설득시켜야 할까? 방법은 다양하다. 이 과로 왔을 때 얼마나 돈벌이가 잘 되는지를 어필할 수 있다. 힘든 수술이 많지 않아서 편하게 병원 생활을 할 수 있다는 걸 강조할 수도 있다. 해당 과에는 시니어 의사들이 없어서 자유로운 분위기에서 일할 수 있고 승진도 잘된다는 걸 내세울 수도 있다. 하지만 중요한 건 상대방이 중요시 하는 가치가 무엇인가를 먼저 아는 것이다.

　그런데, 그걸 잘 모르겠을 때가 있다. 이때 필요한 건 논리보다 감성이다. 사람은 "감정적으로 판단하고 이성적으로 설명한다"는 말이 있다. 많은 판단이 논리적

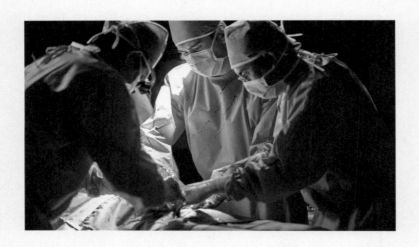

근거로 내려지기보단 순간의 감정 때문일 때가 많다는 말이다.

관련된 드라마의 한 장면을 보자.

흉부외과 수술실, 갓 태어난 아이의 심장이 좋지 않아 수술을 했다. 긴 수술 끝에 다시 심장이 뛰기 시작한다. 수술을 마무리하기 직전, 집도의가 수술을 참관하고 있던 실습생 둘을 부른다. 그리고 무심하게 한마디 던진다.

"잘 살아줘서 고맙다는 마음으로, 조심스럽게 딱 한 번만 만져봐."

힘차게 뛰는 심장에 손을 댄 두 학생은 깜짝 놀란다. 자신의 손보다 작은 심장이 그렇게 세게 뛸 줄 예상도 못했기 때문. 그러고는 다짐한다.

"선생님, 저 흉부외과 지원할래요!"

이 상황에 어떤 논리적 이유는 없다. 그저 누구도 경험 못한 '뛰는 진짜 심장'을 만져봤다는 감정적 자극 하나만으로 그 학생은 의사로서의 커리어를 결정한 것이다. 이런 '작전'을 펼칠 수 있었던 것은 집도의도 본인의 학생 시절 경험이 있기 때문이다. 후배들이 "왜 흉부외과를 지원했어요?"라고 물으면 "그냥, PC방 옆자리 선배가 오라고 해서"라고 시크하게 말했지만, 의대생 시절에 힘차게 뛰는 심장을 만져본 경험이 지금의 자신을 만든 것이다. 그의 선택 역시 결국 감정 때문이었다.

나와 다른 생각을 가진 구성원들을 움직여야만 하는 조직의 리더에게 필요한 것도 감정적 자극이다. 기존에 하지 않았던 새로운 시도를 하게 하려면 구체적 실행 방법을 알려주기 전에 '왜'를 느끼게 하는 게 먼저다. 1995년, 삼성전자가 휴대폰 애니콜의 불량률이 높아지자 '품질 경영'을 내세우며 약 500억 원 어치의 기기를 전부 불태워버린 화형식 같은 이벤트가 대표적이다. 이러한 감정적 자극 이후 현실적으로, 이런 변화가 회사에 왜 필요한지 이를 위해 개인이 어떤 역할을 해야 하는지 설명할 때 그 효과가 배가된다.

Essential tip

병원의 후배 의사들이 선배 의사에 대해 이렇게 말하는 장면이 있다. "교수님이 무섭긴 하지만 불편하진 않아요"라고. 이 한 문장이 좋은 리더가 갖춰야 할 모습을 잘 설명하고 있다. 따끔하게 가르칠 때는 엄하게, 그래서 무서워져야 한다. 하지만 그럼에도 구성원 입장에서 하고 싶은 말은 할 수 있는 관계로 만들어야 한다.

감정 갈등 해결의
핵심 키워드, 공감

조직은 서로 다른 사람들이 '일'을 하러 모인 곳이다. 그래서 그 과정에 다양한 문제가 생긴다. 그 일을 해야 할까 말아야 할까, 한다면 언제까지 어떻게 해야 할까 등 팀 혹은 개개인의 이해관계에 따라 의견 충돌이 생긴다. 그래서 힘들다. 하지만 치열한 의견 대립 덕분에 더 나은 아이디어가 나오기도 하고, 일의 우선순위가 재정리되기도 한다. 갈등이 조직의 성과 창출에 도움이 되기도 한다는 의미다.

그런데 안타까운 건, 조직의 갈등이 사람에게 불똥이 튈 때다. "일을 어떻게 해야 할까?"라는 질문이 아닌 "저 사람은 왜 저럴까?"라는 걸로 변질되는 것이 문제다. 결국 '감정'이다. 이런 감정 갈등이 생기는 원인을 찾아보고, 이를 해결하기 위한 팁을 알아보자.

촉박한 일정으로 갑자기 업무가 떨어지면 일할 때 정말 힘이 빠진다. 하지만 그 일을 하는 것보다 더 힘이 빠지는 건, 그 업무를 '주고 받는' 과정에서 겪게 되는 사람의 태도다. 마감일이 정해진 일을 불시에 받게 되면, 누구나 '반발심'부터 생긴다. 그래서 찾아가서 묻는다.

"그 일정으로 이게 가능하다고 생각하세요? 꼭 이때까지 마쳐야 하는 건가요?"

만약 당신이 일을 요청한 입장에서 이런 질문을 받았다면, 어떤 생각이 드는가? 안타깝게도 그 질문을 받은 사람도 똑같은 반발심이 생길 때가 많다. 그 역시 누군가의 지시를 받아 '전달'한 경우가 많을 테니 말이다. 그래서 이런 대응이 나온다.

"어쩌겠어요, 위에서 시키는데…."

두 사람 다 어쩔 수 없는 말을 했다. 하지만 이 때문에 대화는 더 이상 이어지지 않는다. 일을 요청한 사람은 받은 사람에 대해 '일에 대한 책임감이 없는 사람'이라 생각하고, 일을 받은 사람은 준 사람을 '상대에 대한 배려도 없이 막 일을 던지는 존재'로 인식한다. 결국 서로에 대한 악감정만 남기고 대화가 끝날 수도 있다.

왜 이런 일이 생긴 걸까? 작지만 큰 '공감'의 문제다. 일을 받는 입장에서 생각해보자. 한창 바쁘게 일을 하고 있는데 갑자기 새로운 일이 떨어졌다. 일에 대한 자세한 맥락 설명도 없다. 그럼 알고 싶어진다. 이게 진짜 중요한 일인지, 다른 일을 미루더라도 먼저 처리를 해야 하는 것인지 등. 그래서 일을 준 사람에게 가서 묻는다.

'꼭 당장 해야 하는 거냐'고. 그가 기대하는 대답은 뭘까? 가장 좋은 답은 '일정 조정이 가능하니 편하게 하면 된다'는 것일 테다. 하지만 그런 경우는 거의 없다. 그리고 이를 기대하고 묻지도 않는다. 그저 '안 그래도 일 많은 거 아는데, 새로운 일까지 맡아 힘들겠다, 이럴 수 밖에 없는 게 참 안타깝다'는 정도의 공감만이라도 해주면 된다.

이런 공감에는 두 가지 힘이 있다. 하나는 '내가 지금 일이 많다는 걸 알고 있구나'라는, 상대방의 상황을 충분히 인식하고 있음을 알려주는 효과다. 일을 받는 사람 입장에선 누군가가 "이 일 좀 빨리 해주세요"라고 요청하면 '내가 지금 놀고 있는 게 아닌데 왜 저렇게 맡긴 돈 찾아가듯 말하지?'라는 생각이 든다. 그래서 '다른 일도 많지만' 혹은 '요즘 바빠 보이던데'처럼, 해야 하는 사람의 상황을 알고 있음을 밝히는 게 공감의 시작이다. 두 번째는 '힘든 상황이라는 걸 이해하는 구나'라는 것을 밝혀 상대와 감정적 유대감을 쌓을 수 있다는 점이다. 결국 일은 사람이 한다. 어차피 해야 한다면, 상대가 좋은 감정으로, 최소한 나쁜 감정 없이 일을 하는 게 좋지 않을까? 그래서 상대가 힘들어하는 상황에 '감정적 공감'을 해주는 게 필요하다. '갑자기 새로운 일을 해야 해서 많이 당황스럽겠다', '일정이 너무 촉박해 제대로 마칠 수 있을지 걱정되겠네요' 같은 대응 말이다.

이건 일을 받은 사람이 준 사람을 대할 때도 똑같이 적용된다. 일을 준 입장에서도 상대가 대뜸 찾아와서 "이걸 어떻게 하라는 겁니까?"라고 묻는다면, 자신에 대한 공격으로 느껴질 수밖에 없다. 그래서 일을 받은 사람 역시 상대방에 대해 '여러 가지 조율할 게 많은 것 같다, 중간에서 여러 이해관계자 대응하느라 힘들 것 같다'처럼 상대의 상황에 대한 인식과 그 과정에서 겪게 될 어려움을 공감해줄 수 있다.

결국 상대의 '상황'을 충분히 알고 있음을 밝히고, 지금 상황 때문에 느낄 힘든 '감정'을 알아주는 게 중요하다. 둘 중 더 중요한 게 후자, 즉 감정에 대한 공감이다. 그리고 이를 구체적으로 표현해줘야 한다.

그런데 안타깝지만, 사람들은 감정이 얼마나 다양한지 잘 모른다. 예를 들어보자. 인사 담당자인 당신에게 영업 담당자가 찾아와 '인력 충원'을 요청한다. 요즘 일이 너무 많은데 일손이 딸려 다들 너무 지쳤다는 것이다. 이럴 때 상대에게 어떻게 감정적 공감을 할수 있을까? 가장 먼저 떠오르는 말이 '정말 힘들겠네요'일 것이다. 또 어떤 말이 떠오르는가? '충원이 안 돼서 짜증났겠어요'와 같이 공감할 수도 있다. 만약 이외에도 다양한 표현이 떠올랐다면, 당신은 상당한 공감 능력을 가진 것이다.

그럼, 이런 표현들은 어떤가?

"조직에서 지원을 잘해주지 않는 것 같아 실망스럽겠군요."

"이 인력으로 어떻게 실적을 올려야 할지 당황스럽겠네요."

"계속 이런 상태가 지속되면 무시당한단 생각이 들 것 같아요."

이렇듯 공감을 위한 감정 표현법은 다양하다. 하지만 사람들은 잘 하지 못한다. 연습이 안 됐기 때문이다. 빨간색을 '붉다', '벌겋다', '불그스름하다'와 같이 여러 가지로 표현할 수 있듯, 우리의 감정 역시 다양하니 그에 따른 이름을 붙이는 연습을 해보자. 상황을 이해하고 상대가 느낄 수 있는 다양한 감정에 공감만 해줘도, 상대는 심적 위안을 받을 수 있다.

공감의 고수는 여기서 한 발 더 나간다. 내가 도와줄 수 있는 걸 찾아 제안하는 것, 바로 '지원'의 영역이다. 이런 말을 하면 어떤 사람들은 이렇게 반문한다. "저도 어차피 위에서 시키는 일 하는 건데, 뭘 도와줄 수 있죠?!"라고. 맞는 말이다. 하지만 그 안에서도 대안을 찾을 수 있다.

예를 들어보자. 개발팀에 '3주 안에 사내 IT시스템 하나를 새로 만들라'는 일이 떨어졌다. 하지만 현재 업무 상황에선 불가능하다. 안타깝게도 시스템 오픈 일정을 바꿀 순 없다. '무조건 3주 안에는 오픈해야 한다'라는 게 본부장님의 1순위 지시사항이기 때문이다. 이때도 방법은 있다. 하나는 다른 개발 일정을 조정해보는 것이다. 우리가 요청한 다른 일이 있다면, 그것을 미루고 급한 것부터 처리할 수 있다. 그런데 안타깝게도, 다른 것은 사장님 지시사항이라 바꿀 수 없다. 그럼 다른 방법으로, 3주 안에 오픈은 하되 사이트 오픈에 필수적인 기능만 먼저 개발하고 후속 기능은 차후 업데이트 과제로 넘기는 것이다. 그럼 '3주 내에 사이트 오픈'이라는 지시사항은 만족시킬 수 있다. 지원 방안이 실제 현실에서 얼마나 유용성이 있을까를 고민하기도 한다. 충분히 그럴 수 있다. 하지만 되고 안 되고가 중요한 게 아닐 때도 있다. 얼마나 상대 입장에서 '같이' 고민해주고 '함께' 문제를 풀기 위해 노력하느냐가 핵심이다. 내 옆에 든든한 지원자가 한 명 있다는 것만으로도 큰 힘이 될 수 있다.

Essential tip

처음 이야기로 돌아가보자. 결국 일은 해야 한다. 일이라는 것은 사람 '덕분에' 발전적으로 진행되기도 하고, 사람 '때문에' 더 복잡해지기도 한다. 그 차이를 가르는 시작이 상대에 대한 공감이다. 상대가 힘들어한다고 무조건 그의 편을 들어주라는 건 아니다. 다만 그 과정에서 상대의 상황을 알고 있음을, 그 상황으로 인해 느낄 어려움을 알아차리는 것, 나아가 가능하면 문제 해결을 위한 대안을 함께 고민해보자는 것이다. 어렵지만 이런 공감 덕분에 당신과 그 상대방은 동료나 상하관계를 넘어 서로 의지할 수 있는 파트너가 될 수도 있다. 이런 파트너가 많을 수록 당신의 리더십도 커진다는 걸 기억하자.

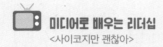
자신의 감정에
솔직해져야 하는 이유

감정을 느끼지 못하는 동화작가 고문영. 그녀는 어릴 때부터 혼자서, 그래서 외로움을 당연시하며 살아왔다. '사랑'이 뭔지 모르는 게 당연한 그녀에게 자폐를 앓는 형을 돌보는 문강태가 등장한다. 지켜야 할 게 너무 많아 역시 사랑을 거부할 수밖에 없었던 그. 이 두 사람이 만나 서로에게 영향을 주며 변해가는, tvN 드라마 〈사이코지만 괜찮아〉 이야기다. 다른 세상 사람들 얘기 같지만 내 일상과 맞닿아 있는 이 드라마에서, 우리는 더 나은 성과를 올리는 조직을 만들기 위해 갖춰야 할 것을 배울 수 있다.

읽던 걸 멈추고 생각해보자. 우리가 일상이나 조직에서 일을 하다가 느끼는 정서, 감정을 표현하는 단어가 몇 개나 떠오르는가? 아침잠을 이기기 위한 피곤함? 마음대로 일이 풀리지 않아 느껴지는 답답함? 퇴근 시간이 오지 않아 느끼는 지루함? 생각을 돕기 위해 영화의 힘을 빌려보자. 〈인사이드 아웃Inside Out〉에는 '기쁨', '슬픔', '버럭', '까칠', '소심'이라는 다섯 가지 감정이 나온다. 이 정도의 감정

이라도 떠올랐다면 양호한 편이나, 이게 사람이 느끼는 감정의 전부는 당연히 아니다. 무서운 느낌을 표현하는 것에도 '섬뜩하다', '오싹하다', '진땀 나다'처럼 비슷하지만 다른 뉘앙스를 주는 표현이 많다. 이렇게 다양한 감정을 느낀다는 뜻이다.

하지만 우리는 그걸 표현할 때 너무 단순해진다. 그래서 흔히 "짜증나"에 많은 걸 담는다. 기껏 열심히 보고서를 썼는데 갑자기 상사가 "그 일 안 하기로 했습니다"라고 말하면? 짜증난다. 하지만 달리 생각하면 이건 억울한 거다. 옷을 잘 차려입고 중요한 약속을 가는 중에 차가 지나가며 웅덩이에 고인 물을 튀겨서 엉망이 됐다. 역시 짜증이 확 올라오지만, 달리 생각하면 약속에 제대로 갈 수 없어서 당황스럽다. 이 때문에, 작가 김영하는 대학에서 학생들을 가르칠 때 "한 학기 동안 '짜증난다'는 표현을 쓰지 못하게 했다"고 한다. 사람들의 삶을 세밀하게 묘사해야 하는 작가라면, "짜증난다"라고 쉽게 내뱉는 말로 진짜 우리가 느끼는 감정을 뭉뚱그려서는 안 된다는 게 그의 설명이다.

자신의 감정을 정확하게 인식하라

이렇게 얘기하면 궁금증이 든다. 우리가 작가도 아닌데, 감정을 제대로 알고 정확히 표현하는 게 왜 중요할까? 조직이란 '혼자'가 아닌, 생각, 배경, 이해관계가 다른 사람들이 '함께' 일해야 하는 곳이기 때문이다. 알다시피 사람은 감정의 동물이다. 아무리 내가 이성적이라 해도 어쩔 수 없이 감정은 드러난다. 똑같은 메시지라도 어떤 감정을 실어 어떤 뉘앙스로 제시하느냐에 따라 구성원에게 고마운 조언이 되기도 하고 귀찮은 간섭이 되기도 한다. 그래서 아리스토텔레스도 말하지 않았는가. 수사학의 3요소인 '로고스, 에토스, 파토스' 중 제일 중요한 게 파토스, 즉 감정적 요소라고. 그런데 내가 어떤 감정을 느끼는지를 정확히 모르면 제대로 된 표현, 다시 말해 내가 정말 하고 싶은 말의 의미가 제대로 전달이 안 된다. 이런 감정 인식이 리더에게 특히 더 중요하다. 리더의 감정 하나로 각 구성원, 나아가 조직 전체의 분위기가 좌우되기도 해서다. 그래서 리더는 자신의 감정을 정확히 인식하고, 정확하게 표현하는 것이 중요하다.

내가 뭘 느끼는지 그 감정을 제대로 인지하면, 그걸 어떻게 풀어야 할지 생각할 수 있다. 드라마 얘기로 돌아가보자. 자폐 형을 돌보는 문강태는 어린 시절 엄마의 관심이 아픈 형에게만 가는 게 싫어서, 형이 죽어버렸으면 좋겠다는 생각을 했다. 그러다 성인이 된 어느 순간, 아무것도 모를 줄 알았던 형이 과거 본인이 나쁜 생각을 했다는 걸 알고 있었음을 깨닫는다. 이때 그의 선택은 무엇이었을까?

형에 대해 그가 느낀 감정은 뭘까? 당연히 미안함이다. 그런데 생각해보면 '그걸 굳이 미안해해야 하나?'란 생각이 들기도 한다. 사랑 못 받은 걸 억울하게 느끼는 건 어쩌면 당연한 거니까. 그래서 이때 미안하다는 감정보다 '억울함'이란 감

정을 먼저 떠올리면 어떻게 될까? "너도 내가 없어져 버렸으면 좋겠다고 생각했잖아!"라고 행패부리며 소리지르는 형에게 "그래서 어쩌라고?!"라며 반박할 지 모른다. 그게 나를 보호하는 행동이라고, 나를 더 강하게 만드는 거라고 생각할 수 있으니 말이다. 하지만 이런다고 문제가 해결되지 않는다. 필요한 건, '미안함'이라는 감정에 직면해 사과하는 것이다. 사실에 기반한 진실된 '진짜' 사과가 필요하다. 드라마 속 인물의 대응 역시 그랬다. 잘못했다며 사과하는 동생에게 형이 물었다. "뭘 잘못했는데?"라고. 그러자 '형이 죽어버렸으면 좋겠다고 생각했던 것', '나한테도 평범한 형이 있으면 좋겠다고 상상한 것' 등 본인의 잘못을 구체적으로 말한다. 이 때문일까, 상처 받았을 형이 오히려 동생을 안아주며 토닥인다. 이런 상황은 드라마에서만 가능할까?

형제니까 사과를 받아줄 수 있는 거라 생각할 수도 있다. 하지만 여기서 우리가 집중해야 하는 건 사과를 하게 된 동생의 마음이다. 내가 느끼는 정서를 정확히 인식하고 그에 맞게 솔직하게 대응하는 것이 중요하다. 그래야 문제를 풀 수 있다. 비록 눈에 보이기에는 상대에게 지는 것 같아도 그래야 해결이 된다.

예를 들어, 리더인 나의 실수 때문에 일이 틀어져서 생긴 부끄러운 감정을 괜히 구성원이나 환경에 대한 짜증으로 표현하지 말아야 한다. 나의 판단이 틀려서, 내가 정보가 부족해서 제대로 된 결정과 행동을 하지 못했음을, 때문에 수고한 구성원에게 미안함을 표현해야 한다. 구성원의 역량이 부족해 일이 잘 진행되지 않을 때 생기는 안타까움과 답답함을 분노로 드러내지 말자. 충분히 역량을 키워주지 못했음을, 시간을 더 주고 나아질 기회를 줄 수 없었음에 안타까워하면서 이런 상황이 반복되지 않도록 정확한 개선 피드백을 제시하는 게 필요하다. 언짢은데 좋은 척, 화나는데 이해하는 척, 좋은 사람으로 보이기 위해 포장하라는 게 아니다. 현재 내 감정이 어떤지 있는 그대로 '직시'하고 '직면'하자는 말이다.

아무것도 모르는 것 같아 보이는 상대방이 더 많은 걸 알고 있을 수 있다. 괜히 아닌 척, 아무렇지 않은 척 하는 게 오히려 문제를 키우기도 한다. 센 척하면 상대 역시 세게 나올 수 밖에 없는 법이다.

Essential tip

남이 보는 나를 너무 신경 쓰지 말자. 자신의 감정을 솔직히 받아들이고 드러내자. 어떨 땐 그게 부끄럽기도 하다. 부족함을 드러내야 할 수도 있고, 속내를 드러내는 게 약한 사람으로 보인다고 생각되니까. 하지만 놀랍게도 본인 말고 다 안다. 저 사람이 지금 '일부러' 과장해서 저런다고, 사실은 부끄러운 건데 화를 내며 상황을 바꾸려 한다고 말이다. 그러니 '나 자신'이 되자. 조금만 더 욕심을 내면, 나에게 떠오르는 부정적 감정을 스스로 삭이며 긍정적 행동으로 바꾸기 위해 애를 써보자. 특히 리더 스스로 구성원에게 '나에게 어떤 발전적 행동이 필요할지'를 물어봐줄 때, 그들과의 거리는 한 뼘 더 가까워질 수 있다.

일을 두 번 하게 만드는
리더의 '투명성 착각'

심리학에서 유명한 실험 하나를 보자. 문제 출제자와 그것을 맞춰야 하는 피실험자가 있다. 출제자에겐 누구나 알 법한 노래 제목을 알려준다. 그리고 박자를 맞춰 손바닥으로 책상을 두드리며 리듬을 들려주면, 피실험자들이 그것을 듣고 노래 제목을 맞춰야 한다. 결과는 어땠을까?

실험에 들어가기 전 출제자에게 물었다. 정답을 얼마나 맞출 것 같냐고. 무려 80퍼센트의 사람들이 '당연히 맞출 수 있다'고 생각했다. 하지만 놀랍게도 정답률은 30퍼센트 미만이었다. 80과 30, 꽤 큰 차이다. '내가 아는 것은 상대도 알 것'이라는 착각 때문에 생기는 문제다. 이런 현상을 심리학에선 "지식의 저주"라고 부른다.

조직에서도 이러한 지식의 저주 때문에 웃지 못할 일이 생긴다. 인터넷 유머로 많이 알려진 에피소드를 보자. "부의 봉투 하나 갖다줘요"라는 상사의 지시에 '부의'라는 말이 뭔지 몰라 봉투에 크게 V자를 써서 책상에 올려놓았다는 신입 비서의 실수담도 지식의 저주 때문에 생긴 것이다. 이런 건 말 그대로 웃고 넘길 수 있는 실수다. 하지만 안타깝게도 서로 '알겠지?'라는 생각에 그냥 넘어가다 보면 의도치 않은 야근을 해야 할 때도 있다. 지식의 저주에 빠지지 않고 제대로 '통'하려면 리더로서 무엇을 챙겨야 할까? 조직에서 생기는 상황을 토대로 함께 풀어가 보자.

이틀 후 본부 주관 회의에서 신규 프로젝트 기획안을 발표해야 한다. 팀원들이 각자 프로젝트를 맡아 열심히 기획안 정리를 하고 있다. 마무리에 열중하고 있는 오 과장에게 팀장이 격려하며 묻는다.

"잘 되고 있어? 정리해서 내일 오전에 같이 리뷰하자. 아, 예산 수준은 잘 고려하고 있지?"

"네, 예산 절감할 수 있게 세부 내용 조율하는 중입니다."

팀장의 질문에 자신 있게 대답한 오 과장.

다음 날 리뷰 미팅 시간, 팀장이 상기된 얼굴로 묻는다.

"오 과장, 비용이 왜 이래? 이렇게 되면 우리 팀 전체 가용 예산을 넘는데? 저번 팀 미팅 때 박 과장 프로젝트 볼륨이 커지면서 전체적으로 예산 줄여야겠다고 했던 거 기억 안 나?"

"그래서 애초 계획보다 5000만 원 정도 줄였는데요…."

"그 정도로는 어림없어, 다시 구성해봐! 알겠지?"

어이없는 결과물에 당황한 리더와 갑작스런 팀장의 지시에 황당한 구성원. 이런 문제가 생긴 것은 서로가 지식의 저주로 인한 '투명성 착각'에 빠졌기 때문이다. 투명성 착각이란 내가 갖고 있는 생각이나 감정, 의도 등이 상대방에게도 '투명하게' 그대로 전달될 거라 믿는 것을 말한다. 그런데 안타깝게도 그런 상황은 거의 발생하지 않는다. 각자 가진 정보, 처한 환경이 다르기에 제각각 해석할 수밖에 없다.

반복하고 집중하고 설명하라

팀장은 회의 때 한 말이 있으니 '알아서 예산을 줄여오겠지?'라고 기대했다. 그래서 열심히 마무리 중인 오 과장에게 "예산 수준 잘 고려하고 있지?"라고 가볍게 물었다. 여기서 리더는 두 가지 실수를 했다. 첫 번째는 '한 번만' 말하면 모두가 이해했을 거라는 착각이고, 두 번째는 얼마를 절감해야 하는지 명확히 지시하지 않은 채 '알아서' 해주리라 믿은 점이다. 예산 범위가 정말 중요한 문제였다면 일대일로 불러서 기존보다 각각 '얼마씩의 예산이 줄어야 하는지' 명확하게 알려줬어야 한다. 다시 말해 '반복'과 '집중'이다.

하지만 똑같은 말을 계속 반복하기만 하면 잔소리밖에 안 된다. 명확한 전달을 위해 더 고려해야 하는 것은 '맥락' 설명이다. 구성원들이 리더가 전달한 예산에 대해 리더만큼의 부담감을 느끼지 않는 것은 중요성을 충분히 모르기 때문이다. 애초 팀 미팅 때 '이번 프로젝트 기획안의 통과 여부는 예산 절감이다'라는 회사의 방향성을 알려주거나, '팀 차원에 배당된 예산이 얼마다'라는 정확한 정보를 주고 그 과정에서 피드백을 줬다면 구성원 머릿속에 예산의 중요성이 충분히 각인됐을 수 있다. 혹은 '왜 박 과장 프로젝트 통과를 위해 내 예산이 줄어야 하지?'라는 의구심을 가질 수도 있으니 박 과장의 프로젝트에 추가 예산 배정이 필요한 상황을 명확히 밝혀주는 것도 필요하다.

일 하나 시키는데 뭐 이렇게 복잡하고 따져야 할 게 많냐고 반문할 지 모른다. 리더인 내가 갖고 있는 정보, 그리고 그것의 중요성을 구성원도 모두 알고서 내 생각과 같이 행동하길 바라는 건, 미안한 얘기지만 욕심이다. 그래서 리더는 '많이' 듣고 '자꾸' 얘기해야 한다. 그게 리더의 숙명이다.

Essential tip

조직에서 일은 '지시'에서 시작해 '보고'로 마무리된다. 결국 '말'이다. 힘들어도 구체적으로 자세히 설명해주는 리더의 10분이 구성원의 몇 시간을 좌우할 수 있다. 구체적 지시가 직원의 업무 효율을 높여준다. 더 중요한 건 그래야 나의 시간도 아낄 수 있다. 구체적으로 지시하지 않아 엉뚱한 결과물을 가지고 왔을 때 뒷수습을 해야 하는 당사자가 본인이기 때문이다. 리더인 나로부터 시작되는 말이 얼마나 정확한지 스스로 돌아보면 어떨까? 정확한 소통이 성과를 만들어 낸다.

구성원에겐 너무 무거운
보고 시간

"이렇게 하고 있다고요? 왜죠? 그럴 거면 미리 알려주지…." 이렇게 리더는 구성원에게 아쉬운 얘기를 해야 할 때가 있다. 예를 들어, 업무의 진척 상황을 물으니 엉뚱한 일에 집중하고 있어 황당했을 때, 문제가 생겼는데 미리 알리지 않고 상황이 복잡해진 뒤에야 털어놔 수습하느라 힘들었던 때 등이다. 그래서 '중간보고가 중요하다'고 재차 강조하지만 구성원은 쉽게 바뀌지 않는다. 이유가 뭘까? 그들의 입장에서 보고는 결코 반가운 시간이 아니라서다. 오히려 두렵고 피하고 싶은 상황일 때가 많다. 그들에게 리더는 보고 내용의 결정권을 지닌 '윗사람'이기 때문이다. 그래서 평소 충분히 고민한 내용도 막상 보고 자리만 되면 초조하고 불안한 마음 탓에 충분히 설명하지 못한다. 그게 부정적인 소식이라면 더더욱 힘들다.

결국 보고는 큰 용기가 필요하다. 그렇다고 보고를 받지 않을 순 없는 법이니 이런 답답한 상황을 덜 겪으려면, 리더로서 세 가지를 기억하자.

첫 번째로 필요한 행동은 '경청'이다. 그냥 귀 기울여 들어보자는 뻔한 말이 아니다. 보고 상황에서 제대로 된 경청을 한다는 것은 '보고 내용에 긍정적인 반응부터 해주는 것'이다.

보고자 입장에서 100퍼센트 확신을 갖고 신나서 보고하는 경우는 거의 없다. 그래서 대부분 시작이 부담될 수밖에 없다. 이때의 긴장을 낮춰주기 위해 보고받는 사람이 긍정적 감정을 표현하는 게 필수다.

눈에 걸리는 게 있어 지적하고 싶더라도, 일단 좋은 부분을 '먼저' 인정해준다. 당연히 "잘한 게 없을 때는 어떡하나요?" 같은 현실적인 고민이 들 수 있다. 리더들은 대개 구성원보다 눈높이가 높기 때문이다. '최고의 결과물'일 때 인정할 수도 있지만, '최선'을 다한 부분도 격려할 수 있지 않을까? 기존에 하지 않던 시도를 했거나, 과거 지적 받았던 부분을 보완한 노력을 인정할 수 있다. 그게 최고는 아닐지라도 말이다.

문제 상황을 가지고 온 구성원에게도 마찬가지다. 당장 "이렇게 될 때까지 뭘 한 거죠?"라며 질책하고 싶겠지만, 그 상황을 겪고 고민했을 구성원의 마음을 한 번만 헤아려주면 어떨까? '문제가 더 커지기 전에 빨리 알려줘 고맙다'거나 '솔직하게 상황을 공유해 대책을 함께 찾을 수 있겠다'라고 여기며 구성원의 노력을 긍정적으로 표현해보자. 그것으로 대화의 물꼬를 틀 수 있다.

두 번째는 '질문'이다. 질문은 상대와 내가 대화를 하고 있음을 행동으로 보여주는 것이다. 구성원이 새로운 아이템을 생각해내 보고한다 가정해보자. 리더의 경험치로 볼 땐 불필요한 일이라 여길 수도 있다. 이에 대해 좋은지 나쁜지를 '판단'하고 싶어지는 게 당연하다.

하지만 그런 판단을 조금만 미뤄두고 구성원의 생각을 들어보면 어떨까? 어떤 의도로 이걸 기획했는지, 무엇을 근거로 자료를 구성했는지 등을 확인해보라는 뜻이다. 이를 통해 구성원이 미처 보고서에 담지 못한 구체적인 내용들을 알 수도 있고, 몰랐던 정보를 얻을 수도 있다. 보고받는 과정에서 리더도 학습이 이뤄진다.

질문이 갖는 또 다른 좋은 점은, 리더의 적극적인 태도가 구성원의 책임감을 높일 수 있다는 것이다. '악플보다 무서운 게 무플'이라는 말도 있듯, 리더가 관심을 주지 않는 일에 구성원이 애정을 갖기는 힘들다.

그리고 질문을 할 때 정말 중요한 건 말하는 사람의 '톤'이다. '궁금증'을 갖자. 구성원에게 "보고할 때 가장 두려운 게 뭡니까?"라고 물으면, 대다수가 "리더의 질문이요"라고 답한다. 리더 입장에서는 정확성을 높이기 위한 질문일 수 있지만, 구성원 입장에서는 자신의 보고 내용의 허점을 지적하기 위한 '취조'라고 느낄 수 있다. 그래서 필요한 게 리더의 호기심이다. 구성원의 보고 내용에서 궁금한 점을 알고 싶다는 생각으로 질문하자. 판단은 답을 충분히 들은 뒤에 해도 늦지 않다.

마지막 세 번째는 '지원 요소 확인'이다. 보고는 일의 시작일 뿐, 실제 조직에서 원하는 결과물이 나오기까지는 더 많은 아이디어가 필요하고 실행이 따라야만 한다. 이 과정이 더 원활하게 이뤄지도록 '내가 도와줄 부분'이 있을지 확인하는 게 보고받는 사람에게 필요한 모습이다. 그런데 당장 실질적인 도움을 줄 만한 게 없으면 어떻게 해야 할까? 현재까지의 아이디어를 인정하면서 '발전시키는 과정에 어려운 게 있으면 찾아와 달라'는 심정적 지원도 힘이 된다. 과거 유사한 프로젝트를 했던 선배나 동료를 추천해 일의 속도를 높이도록 실질적 지원을 해주면 더 좋다. 한발 더 나아가 직접 예산을 배정하는 등의 물리적 지원까지 할 수 있다면, 구성원에게는 최고의 지지가 된다.

보고 상황에서 느낄 구성원의 '불안감'을 줄이기 위해 리더에게 필요한 세 가지 자세를 살펴봤다. 긍정적 반응을 보이고 호기심을 갖고 질문하며 지원 요소를 제시하는 것, 말은 쉽지만 리더 입장에선 참 어렵다. 물론 구성원의 모든 보고에 이렇게 대응할 필요는 없다.

분명하게 지적이 필요한 부분은 피드백을 줘야 한다. 다만 그 전에 보고하러 오기까지 많이 고민했을 마음도 헤아려주자. 이를 통해 리더와 구성원 간 보고에 대한 부담이 줄어서 더 자주 더 많이 소통하게 되면, 결국 리더가 궁극적으로 원하는 조직의 성과 달성에 도움이 된다.

Essential tip

리더의 역할을 생각하다 보면, '꼬리잡기놀이'가 떠오른다. 꼬리잡기에서 맨 앞에 선 사람은 두세 발 아무렇지 않게 움직인다. 하지만 그 작은 움직임에 맨 뒤에 선 꼬리는 일고여덟 걸음 넘게 뛰어야만 한다. 그러다 지치면 상대편이 우리의 꼬리를 잡기도 전에, 붙잡고 있던 앞사람의 허리춤을 놓치고 쓰러진다. 어쩌면 조직에서 일하는 모습도 이와 비슷하지 않을까? 리더의 업무 태도가 구성원에게는 폭풍과 같은 저항이 될 수 있다. 반대로 긍정적 태도 변화, 일 방식 개선이 구성원의 업무 효율성을 생각보다 훨씬 많이 높여줄 수도 있다. 꼬리잡기놀이의 맨 뒤에 있는 구성원이 움직이기 쉬운 방향으로 조금의 배려를 해주는 것, 이것이 '통하는' 리더로 가는 변화의 출발점이다.

보고 효율성을 높이는
세 가지 방법

조직에서의 일은 누군가의 지시로 시작되고, 구성원이 리더에게
결과를 보고하며 마무리된다. 그래서 보고는 꼭 필요하다. 하지만
그것 때문에 일할 맛이 나지 않는다는 게 많은 직장인의 불만이다.
해야만 하는 보고, 효과적으로 바꿀 방법을 소개한다.

첫 번째, '검사에서 보고로' 인식의 전환

학창시절, 선생님이 면담을 하자고 부를 때가 있었다. 그럼 잘못한
게 없으면서도 교무실 문을 두드릴 때 수만 가지 생각이 든다.

'내가 뭘 잘못했지?'

'뭐라고 해명을 해야 덜 혼날까?'

'이런 나를 보고 다른 선생님들은 무슨 생각을 할까?'

그래서 면담을 시작하기 전부터 불려간 학생은 "한 수" 접고 들어가게 된다. 이유가 뭘까? 환경이 주는 압박감 때문이다. 사람은 자신에게 익숙하지 않은 곳에서는 어쩔 수 없이 약자가 된다.

직장에서의 보고도 마찬가지다. 많은 경우 리더가 보고를 자신의 자리에서 받는다. 이미 여기서 구성원은 한 번 밀린다. 의자에 편하게 앉아있는 리더 옆에 불안하게 자료를 들고 서 있는 사람. 누가 주도권을 잡고 있을지는 뻔하다. 이래서는 생산적 보고가 이뤄지긴 어렵다.

애초에 보고를 왜 받는지를 생각해보자. 구성원에게 지시한 일이 제대로 되고 있는지 '검사'하는 것으로 생각한다면, 지금처럼 해도 큰 문제는 없다. 하지만 그게 본질일까? 제대로 된 방향으로 일이 되고 있는지, 상사인 내가 추가로 챙겨야 할 것은 없는지를 확인하기 위해 하는 것이 보고다. 다시 말해, '구성원과 리더가 함께 문제를 풀어가는 과정'이라는 의미다.

리더가 이러한 인식을 갖고 있느냐 아니냐는, 구성원 입장에서는 하늘과 땅 차이다. 검사하는 리더와는 일하기 불편하다. 항상 정답을, 완벽한 무언가를 보여줘야만 한다는 부담이 생긴다. 하지만 문제를 함께 풀어가는 리더와는 일하기 편하다. 오해하지 말자, 편하게 일한다는 게 일을 쉽게 대한다는 것은 아니다. 구성원 입장에서 자신이 겪는 문제에 대해, 잘 안 풀리는 상황에 대해 리더에게 터놓고 상의할 수 있다는 뜻이다. 결국 리더가 보고에 대해 '어떤 인식'을 갖고 구성원을 대하느냐가 효율적 보고가 이뤄지느냐 그렇지 않느냐의 시작이다.

스스로 물어보자. "잘 돼가?"라는 물음에 숨겨진 나의 진짜 의도가 무엇인지.

두 번째, 상하관계를 벗어난 상시보고 문화

그럼 리더의 마인드만 바꾸면 될까? 바꾼 것을 행동으로 보여줘야 한다. 한 예로, 최첨단 기술을 다루는 'NASA'도 과거에는 부서 간 보고를 위해 수많은 연구원이 관리자 혹은 다른 부서 담당자를 찾아 헤맸다. 하지만 업무 공유 앱인 '슬랙Slack'을 도입해 온라인으로 정보 공유를 시작한 뒤로 사람을 찾으러 건물을 오가던 엄청난 시간이 절약됐다. 또한 현황을 자주 공유하면서 부서 간 개발 방향이 어긋나는 일도 확 줄었다. 결국 얼마나 '자주' 소통하느냐가 핵심이었다.

구성원과 리더의 관계도 마찬가지다. 때가 되어야만 상사에게 찾아가서, 혹은 구성원을 불러서 체크하는 게 아니라, 일상 업무 과정 속에서 서로 묻고 답하며 조율해가는 보고 문화가 필요하다. 그 방식이 '보고의 일상화'다. 이렇게만 말하면 상사들은 좋아한다. '그래 맞아, 내가 자주 불러서 체크하는 게 맞지.' 하지만 이렇게 하면 안 된다. 부르는 게 아니라 '찾아가는 것'이 핵심이다. 앞에서도 이야기했듯, 교무실로 불려간 학생의 마음을 생각해야 한다. 그리고 검사하는 게 아니다. 조언을 해주고 함께 문제를 풀어주려는 마음이 전제되어야 한다.

배달 주문 서비스 앱을 운영하는 '우아한 형제들'. 이색적인 기업 문화 덕분에 주목 받는 회사가 되었다. 이곳의 대표였던, 김봉진 창업자가 했던 말이다.

"상사가 그 일이 진행되고 있는지를 확인하고 싶으면 가서 물어 보면 돼요. 중간 과정에서 제대로 하고 있는지 직접 확인하는 게 좋죠."

장소가 뭐 그렇게 중요할까? 상사의 자리에 불려간 직원은 교무실에 불려간 학생이 (잠재적 적인) 선생님들 틈에 둘러싸여 있는 상황과 비슷한 환경에 처한다. 그래서 혹시 보고 내용에 막힘이 생기면 당황한다. 하지만 상사가 구성원의 자리로 왔다면 어떨까? 이야기가 막히면 과거 자료를 바로 찾아볼 수 있다. 혹은 비슷한 고민을 함께 나눴던 옆 동료에게 SOS를 청할 수도 있다. 그럼 보고의 진짜 목적인 '문제 해결'이 좀 더 쉬워질 수 있다.

출처: www.woowahan.com

자유로운 벤처기업이나 가능한 것 아니냐고? 물론 이들의 문화가 그렇기에 좀 더 쉬울 순 있다. 하지만 많은 대기업 구성원과 인터뷰를 할 때도 "팀 문화가 젊어진 것 같아요"라고 하는 경우가 종종 있다. "젊어졌다는 게 뭡니까?"라고 물었을 때 나오는 대답 중 하나가 "상사가 부르는 게 아니라, 직접 와서 물어봐주세요"라는 이야기다. 벤처이냐, 스타트업이냐가 본질은 아니다. 대기업이든 스타트업이든 결국 사람과 사람이, 리더와 구성원이 만나 일을 한다. 리더가 얼마나 젊은 생각을 하느냐가 핵심이다.

세 번째, 상황과 결과의 공유

평소에 충분히 문제 해결을 함께 고민해주는 것만으로도 구성원은 고맙다. 하지만 여기서 한 발 더 나가보자. 조직에서의 일은 '연결'이다. 구성원이 A를 하면 상사나 타 부서에서 B를 한다. 그리고 또 다른 수많은 과정이 얹어져 최종 결과물이 나온다. 이때, 구성원이 한 A라는 일이 결과를 만들어 내는 데 어떤 역할을 했는지를 구성원 본인은 정작 모른다. 그래서 필요한 게, 보고 이후의 '결과 공유'다. '본인이 할 일 잘 마쳤으면 됐지, 그게 뭐 중요한가?'라고 생각할 수도 있다. 만약 구성원을 시키는 일만 하게 하려면 굳이 이런 노력을 하지 않아도 된다. 소위 조직의 부속품처럼 맡은 일만 충실히 하는 직원이다. 하지만 본인이 맡은 업무의 완결성을 추구하고,

하나를 시켜도 열까지 해내려는 구성원과 함께 일하고 싶으면, 힘들고 귀찮더라도 해야 한다. 이것이 구성원을 성장시키는 과정이기 때문이다.

공유할 때 딱 세 가지만 기억하자. 첫 번째는, 구성원이 한 일이 조직에서 '어떤 의미'를 갖는지를 설명해주는 것이다. 거창하지 않아도 된다. 영업 실적 보고서를 만들었다면, '이 자료가 다음 분기 영업 방향을 정하는 데 자료로 쓰일 것이다'라는 식의 설명이라도 해줘야 한다. 구성원이 각자의 일을 조직 관점에서 볼 수 있도록 하는 게 핵심이다. 두 번째는 '명확한 시간'이다. 구성원이 보고한 자료가 언제쯤 결론이 날 것인지 밝혀주란 뜻이다. 예를 들어 "2주 후에 진행 여부를 판단할 수 있다고 한다" 식의 정보를 줘야만 해당 기간 동안 구성원은 다른 일에 집중할 수 있다. 그렇지 않으면 그 보고가 상황 종료된 건지, 진행 중인지 알 수 없다. 마지막 세 번째가 가장 중요하다. 현재 보고 내용의 진척 상황, 특히 장애 요소가 있다면 이를 알려줘야 한다. 예를 들어 '마케팅 계획 보고서'를 냈는데 예산이 예상보다 많이 들어 즉시 실행이 안 되고 있다면, 그 상황을 실무자에게 공유해줘야 한다. 이런 정보가 있을 때 구성원은 스스로 문제 해결을 위해 나설 수 있다. 그리고 본인이 제안한 보고서가 결국 승인을 받지 못하더라도 이유를 알고 있으니 납득하게 된다.

Essential tip

보고는 단순히 리더와 구성원이 업무를 확인하는 과정이 아니다. 보고를 "받는다"는 불필요한 권위를 버릴 때 구성원의 업무 효율이 확 높아질 수 있다. 좀 더 생산적으로 문제가 해결될 수 있다는 의미다. 또한 주도적으로 일하는 구성원으로 성장시킬 기회도 열린다. 구성원을 배려하기 위한 인식의 전환, 상시보고, 상황과 결과의 공유, 이 세 가지를 기억하자. 이를 통해 결국 리더인 나의 성과 달성 속도가 빨라진다.

갈등을 해결하는
두 가지 키워드

상대의 말 잘 들어주기, 창의적인 대안 제시하기 등 갈등을 해결하기 위한 '달콤한' 해결책은 많다. 하지만 이렇게 달콤한 해답이 나의 현실이 되면 애석하게도 씁쓸히 끝나버릴 때가 많다. 제대로 된 경청을 하지 않아서거나 제시한 대안이 매력적이지 않아서일 수도 있지만, 상대의 의견을 아무리 잘 들어주거나 충분히 양보한 대안을 제시해도 거절당할 때가 있다. 이유가 무엇일까?

첫 번째 핵심, 신뢰

아래 질문을 읽고 나서 어떤 생각이 드는가?

　　자연계에 폭풍이 필요하듯 정치계에도 때론 혁명적인 활동이 필요하다.

판단을 돕기 위해 이 말의 출처를 밝힌다. 미국인이 존경하는 3대 대통령 중 한 명인 제퍼슨의 이야기다. 어떤가? 올바른 민주주의 구현을 위해선 필요한 철학이라 생각 드는가? 그럼 이렇게 물어보자. 위의 말을 공산주의 혁명을 주창한 레닌이 했다면? 혹시 사회를 흔들기 위한 불온한 철학이란 생각이 들지는 않는가?

사실 이것은 하버드대학교에서 진행된 유명한 심리 실험이다. 실험 결과, 제퍼슨의 말이란 정보를 들은 학생 중 90퍼센트 이상이 "당연한 생각이다"라고 답했다. 반면 똑같은 말이지만 레닌의 연설이라고 알고 평가한 학생들은 90퍼센트 이상이 "말도 안 된다"는 반응을 보였다. 텍스트의 내용보다 그 말을 누가 했느냐가 사람들의 판단에 훨씬 더 큰 영향을 미친다는 사실을 실험으로 증명한 것이다.

갈등관리의 방법을 이야기하다 갑자기 연관성도 없어 보이는 실험 이야기를 하는 이유는, 효과적인 관리를 위해 리더가 갖춰야 할 자질도 이와 같기 때문이다. 리더가 갈등 상황에서 어떤 대안을 제시하느냐, 어떤 말을 하느냐가 갈등 당사자들에게 그리 큰 문제가 아닐 때가 있다. 대신 리더가 누구인가가 더 중요할 수 있다. 그래서 구성원을 관리하려면 그들에게 신뢰를 받는 것이 중요하다.

이때 핵심은 '일관성'이다. 다음의 상황을 보자.

월요일 아침, 상사가 부하직원에게 이번 주 수요일까지 기획서를 만들라고 지시했다. 직원은 밤을 새워가며 만들었는데, 하필 기획서를 보고하는 그날 아침 상사가 배우자와 크게 다퉜다. 그 전날에는 여윳돈을 모두 주식에 넣었는데, 아침에 시황을 보니 상사가 산 것만 하한가다. 한마디로 기분이 최악인 날이다. 그는 기획서를 대충 보고는 이렇게 말한다.

"똑바로 일 안 해? 이게 기획서냐? 다시 만들어 와!"

부하직원은 화를 삭이며 다음 날 아침 새로운 기획서를 준비해 간다. 그런데 불행히도 문서 저장을 잘못해 어제와 똑같은 기획서를 인쇄했다. 상사에게 기획서가 전달되는 순간, 직원은 자신의 실수를 눈치채고 "저, 잠깐만요…" 하며 기획서를 회수하려 했지만, 마침 이날 아침 상사는 배우자와 극적으로 화해했다. 또 어제 하한가였던 주식이 오늘은 상한가를 기록 중이다. 한마디로 기분 최고다. 어제와 똑같은 기획서를 또 대충 읽어본 상사가 말한다.

"거봐, 고민하니까 훨씬 좋아졌네. 진작에 이렇게 만들어 와야지. 하면 된다니까!"

칭찬을 듣는 직원의 마음은 어떨까? 기쁠까? 리더에 대한 신뢰가 확 무너질 것이다. 그래서 리더십 학자들은 말한다. 훌륭한 리더는 '예측 가능한 리더'라고 말이다. 구성원 입장에선 최악의 리더가

'그때그때 다른 리더'다. 똑같은 잘못을 했을 때 어떤 경우에는 불같이 화를 내고, 어떤 경우에는 인자한 미소를 지으며 "사람이 실수할 수도 있지"라며 넘어가는 리더를 신뢰할 순 없다.

일관성 없이 롤러코스터를 타듯 오락가락 하는 리더를 믿고 따를 구성원은 없다. 명확한 기준을 갖고 일관된 모습을 보여라. '좋았다 나빴다, 좋았다 나빴다'를 반복하기보다는 차라리 쭉 나쁜 게 부하에게 신뢰를 얻기에는 더 도움이 된다.

두 번째 핵심, 참여

그럼 신뢰가 부족한 리더는 갈등 해결 자체가 불가능한 걸까? 아니다.

리더는 대개 갈등 상황이 닥치면 둘 중 하나를 선택할 때가 많다. 하나는 '회피하며 알아서 해결되길 바라는 것'이고, 다른 하나는 싸우는 둘을 불러서 '답을 내주는 것'이다. 회피형 리더는 역할을 못했다고 치자. 그럼 답을 내주는 리더의 행동은 제대로 된 갈등 해결법이라고 할 수 있을까? 미안한 이야기지만 아니다. 당장의 급한 불은 껐을지 몰라도 온전한 의미의 갈등 해결은 아니다. 리더의 조정안을 받아 든 두 사람은 찜찜한 마음으로 또 다른 갈등을 준비할 확률이 크다. 남의 떡이 커 보인다고, 리더의 판단이 상대에게만 유리하다고 생각할 수 있기 때문이다. 게다가 리더에 대한 신뢰가 부족하다면 오해를 할 확률은 커진다. 그럼 이들에게 필요한 행동은 무엇일지 쉬운 예로 생각해보자.

> -퇴근 시간, 강북에서 강남으로 가기 위해 택시를 탔다. 그때 어떤 기사는 이렇게 말한다.
> "1호 터널로 갈게요."
> 기사의 촉이 좋아 운 좋게 1호 터널이 막히지 않으면 서로 행복하다. 그런데 불행하게도 터널 안은 이미 주차장이다. 짜증이 난 당신은 이렇게 생각한다.
> '택시비 더 받아내려고 일부러 막히는 길 찾아온 거 아니야?'
> -똑같은 상황, 노련한 기사는 이렇게 묻는다.
> "1호 터널로 갈까요, 3호 터널로 갈까요?"
> 잠깐 고민하던 당신은 "1호 터널이 낫지 않을까요?"라고 말한다. 하지만 막상 도착하니 1호 터널은 오갈 데 없이 꽉 막혀 있다. 그때 당신에게 드는 생각, '내가 하자고 한 거니 어쩔 수 없지 뭐….'

택시는 똑같이 막히는 길에 접어들었다. 하지만 이를 받아들이는 당신의 판단은 180도 다르다. 전자는 기사의 '일방적인 판단'에 의한 결과였지만, 후자는 '스스로' 결정 과정에 참여했기 때문이다. 이게 제대로 된 갈등관리의 핵심이다. 당사자들이 스스로 문제를 해결했다고 느끼게 만들어야 한다는 것이다. 그들이 문제 해결 과정에 참여했다고 생각할 때 어떤 결과이든 받아들일 확률이 높아진다.

하지만 많은 리더가 이렇게 못한다. 싸우는 이들을 불러다 이야기를 시키면 해결은커녕 긁어 부스럼을 만드는 게 아닐까 걱정하기 때문이다. 하지만 이는 틀렸다. 갈등의 본질을 잘못 이해해서 생긴 오해다. 갈등 상황이 생겼을 때 리더는 본능적으로 답을 주고 싶다. 판결을 내려줘야 하는 판사처럼. 하지만 일단 참자. 그들이 쓸데없는 넋두리를 하는 것 같더라도 기다려주자. 대신 구성원들이 스스로 그 답을 만들어 낼 수 있는 환경을 조성해야 한다. 사람은 자신이 뱉은 말에 책임을 져야 한다는 본능이 발동하기 때문이다.

> **Essential tip**
>
> 갈등이 생기면 당연히 힘들고 괴롭다. 하지만 그것을 해결해 더 나은 생산성을 올리는 게 리더의 역할이고 책임이다. 이를 위해 나는 구성원에게 얼마나 신뢰를 얻고 있는지, 구성원이 스스로 참여해 문제를 해결하게끔 기다려주고 있는지 점검해보자.

부정적 피드백을
긍정적으로 받아들이는 방법

많은 직장인이 조직 생활은 힘들다고 말한다. 그래서 묻는다. 대체 뭐가 당신을 그렇게 힘들게 하는지. 이 글을 읽는 독자의 머릿속엔 무엇이 떠오르는가? 과중한 업무량? 딱딱한 조직문화로 인한 답답함? 다 맞는 얘기다. 그런데 한 설문조사 결과, 사람을 가장 힘들게 하는 것은 '직장 내 인간관계'라고 한다. 그리고 조직 생활을 행복하게 하는 요인 역시 '직장 내에서 좋은 인간관계를 유지하는 것'이 꼽혔다. 사람과 사람이 얽혀있는 곳이 조직이기에, 사람 간의 관계가 직장 생활 만족도의 많은 부분을 결정한다는 의미다.

그래서 중요한 게 서로의 피드백이다. 무엇이 좋았고 어떤 부분이 아쉬운지를 제대로 알려주는 것, 그리고 이를 보이는 그대로 받아들여 개선점을 찾는 건설적 피드백이 필요하다. 잘못된 피드백하나로 신뢰 관계에 금이 가기도 하고, 진솔한 피드백 덕분에 돈독

한 유대감이 생기기도 한다. 하지만 수많은 기업의 직장인과 인터뷰를 하다 보면, 피드백에 대해 긍정적으로 생각하는 사람을 찾아보기 어렵다. 이유는, 대체로 피드백을 하는 사람인 상사의 말하는 스킬이 부족해서다. 그래서 많은 회사의 리더십 교육에서 빠지지 않는 게 피드백 스킬이다.

하지만 피드백을 하는 사람만 문제일까? 이들이 아무리 제대로 말해도 그걸 받아들이는 사람의 태도가 부정적이면 원하는 효과를 얻을 수 없다. 손뼉도 마주쳐야 소리가 나듯, 피드백 역시 하는 사람의 스킬 뿐 아니라 받아들이는 사람의 열린 자세가 중요하다.

그래서 다시 물어야 한다. 우리는 '나의 대한 나쁜 피드백'을 진심으로 받아들일 준비가 됐는가? 이건 쉽지 않은 문제다. 당신이 고집 센 나쁜 사람이어서가 아니다. 지극히 정상적인 사람이기 때문이다. 사람에겐 자기 자신을 현실보다 긍정적으로 인식하려는 자기 고양적 편견self-enhancement bias이 있다. 그래서 본인이 참여한 프로젝트가 성공적으로 마무리되면 '역시 내가 투입된 덕분에 이런 결과가 나온 거야'라고 생각한다. 반대로, 만족스럽지 않은 결과가 나왔을 때 본인 행동에서의 문제를 찾기보다 타인 혹은 환경 탓을 하며 '난 제대로 했는데…'라고 생각한다. 사람의 속성이 이런데 '당신의 행동에는 이러이러한 문제가 있습니다'라고 말하는 부정적 피드백이 효과적으로 작동하지 않는 건 당연한 일인지도 모른다.

그렇다고 이걸 그냥 둘 순 없다. 거울 없는 내 모습을 제대로 볼

부정적 피드백에 의한 심리적 3단계 변화

부정 > 합리화 > 과잉행동

수 없듯, 타인의 피드백을 통해서만 내 모습을 객관적으로 바라볼 수 있어서다. 그리고 이걸 개선하려 노력할 때 발전한다. 그래서 나를 향한 부정적 피드백을 제대로 받아들이는 방법을 알 필요가 있다.

본격적으로 들어가기 전, 부정적 피드백을 들었을 때 느끼는 인간의 심리 상태를 알아보자. 나에 대해 나쁜 피드백을 들었을 때 일차적 대응은 〈부정〉이다. 상대의 피드백에 '그건 말도 안 돼, 그 사람이 잘못 안 거야' 등으로 생각하는 것이다. 이런 감정이 강화되면 '나를 깎아내리려고 일부러 저런 말을 하는 거야'라는 생각까지 이어진다. '부정'의 감정이 어느 정도 지나면 그다음에는 〈합리화〉 단계로 들어간다. 상대가 피드백 하는 잘못된 행동에 대해 '나뿐만 아니라 다른 사람도 나와 똑같은 상황이 되면 어쩔 수 없을 것'이라고 생각하는 것이다. 상대의 피드백 내용을 받아들이는 듯하지만 이에 대해 나의 책임은 아니라는 식으로 피해가려는 태도다. 그래서 결국 '나는 옳다'는 생각을 버리지 않는다. 〈합리화〉 이후에는 〈과잉행동〉으로 이어질 확률이 높다. 상대의 부정적 피드백에 화를 내거나 무시하는 게 아니라 정반대로, 상대에게 지나칠 정도로 긍정적인 태도를 보이는 것이다. 이런 모습을 통해 '난 부정적 피드백도 충분히 열린 마음으로 받아들이고 있다'는 걸 어필하려 한다. 오히려 주변 사람이 '저 사람 괜찮은 건가?'라는 의문이 들 정도다.

부정적 피드백을 수용하는 세 가지 방법

안타깝게도 세 가지 대응 모두 부정적 피드백을 받아들이는 데는 전혀 도움이 되지 않는다. 오히려 사실 왜곡을 통해 자기 합리화 지수를 높일 뿐이다. 그럼 나에 대한 부정적 피드백에 대한 수용도를 높이기 위해 알아야 할 것은 무엇일까? 3단계를 기억하고 활용해보자.

첫 단계는 '부정적 피드백을 받았을 때 느끼는 자신의 감정을 정확하게 인지하는 것'이다. 상담 심리학 관점에서 상대의 마음을 읽기 위한 대화의 시작은 '상대의 감정 알기'다. 상대방이 어떤 마음 상태인지를 파악해야 제대로 된 대화가 되기 때문이다. 이는 나와의 대화에서도 마찬가지다. 상대의 피드백에 대한 대응(그것이 감정적인 것이든 행동 변화로 이어지는 것이든) 이전에 그 내용에 대한 나의 감정 변화를 인식하는 게 먼저다. 내가 상대의 피드백으로 인해 받은 느낌, 예를 들어 부끄러움, 억울함, 슬픔 등, 부정적 피드백으로 내 마음 속에서 올라오는 감정을 제대로 받아들여야 한다. 이게 왜 중요하냐고? 사람에겐 '공감 받고 싶다'는 기본적인 욕구가 있다. 그리고 그 공감은 사실이 아닌 감정에 대한 공감이다. 그래서 시간이 지나면 흘러가 버리는 감정에 이름을 붙이고 '나 스스로가 현재 이런 느낌을 갖고 있다'는 걸 아는 게 필요하다. 자신에게 공감하기 위해서다.

두 번째 단계는 '자신과의 거리 두기'다. 나에 대한 부정적인 피드백을 제3자의 관점에서 검토해보는 것이다. 내 행동의 전후 맥락을 전혀 모르는 제3자가 봤을 때 나의 행동이 적절했는가 등을 확인해봐야 한다. 이는 우리가 성숙한 인간이기에 가능한 지적 행동이다. 어린 아이들은 '내'가 세상의 전부다. 내가 아는 건 상대가 다 안다고 생각하고, 내가 모르면 상대도 모르는 게 당연하다고 여긴다. 하지만 나이를 먹어가면서 나 외의 사람, 내가 보는 관점 외에도 다양한 의견이 있을 수 있음을 깨닫게 된다. 부정적인 피드백을 들었을 때도 이런 인식 전환이 필요하다. 방법은 의외로 간단하다. 스스로에게 물어보자. '만약 내 동료가 똑같은 상황에서 나와 같은 행동을 했다면 난 어떤 기분을 느낄까?' 이에 대해 긍정적인 답변이 선뜻 나오지 않는다면, 그 행동에는 뭔가 문제가 있는 것이다. 그리고 그걸 지적한 부정적 피드백 역시 나의 행동 개선을 위해 필요한 것이 된다.

마지막 세 번째는 '부정적 피드백의 진짜 의도 파악하기'다. 피드백의 목적은 행동 개선이다. 단순한 불평을 쏟아내기 위해 껄끄러운 피드백을 하는 건 아니라는 뜻이다. 하지만 안타깝게도 의도까지 친절하게 알려주는 피드백이 많지는 않다. 이유는 간단한데, 말하는 사람은 '이 정도 말했으면 알아들었겠지'라고 생각하기 때문이다. 그래서 피드백은 "회의 때 너무 이기적으로 행동하지 마!" 식으로 상대의 행동에 대한 지적으로 끝나 버릴 때가 많다. 하지만 이 말을 들은 상대는 궁금한 게 한두 가지가 아니다. 어떤 행동이 이기적인 거지? 내 발표 시간이 길었던 게 문제인가? 그럼 적정한 발표 시간은 몇 분이지? 아니면 중간에 급한 전화가 와서 통화하러 나갔는데 그것 때문인가? 등등 단순한 피드백 하나에도 수많은 생각이 떠오를 수밖에 없다. 그것이 '나쁜' 말이라서 더더욱 생각이 많아진다. 그러다 결국 앞에서 말했듯 '저 사람이 뭘 모르고 말한 거야'라는 식의 부정 심리가 튀어 나온다. 이런 오류를 막는 가장 쉬운 방법은 질문이다. "그럼 제가 앞으로 어떻게 하면 될까요?"처럼 피드백을 한 상대에게 물어야 한다. 의도가 파악되면 그다음부터는 관심사가 감정에서 행동으로 바뀐다. 이것이 피드백을 주고받는 진짜 목적이다.

Essential tip

칭찬은 달콤하다. 그래서 대개 칭찬의 힘을 예찬한다. 하지만 몸에 좋은 약은 입에 쓴 것처럼, 나의 발전을 위해서는 칭찬이 아닌 '비판'이 더 필요할 수도 있다. 그리고 그 약을, 비록 너무 쓰더라도 기꺼이 받아들이는 것. 그게 오늘보다 더 나은 내가 되기 위한 시작일 수 있다.

열린 마음을 갖게 하는
올바른 칭찬법

고래도 춤추게 한다는 칭찬. 그래서 한때 '칭찬 열풍'이 불기도 했다. 하지만 '칭찬해봤자 달라지는 것도 없던데…'라는 푸념과 함께 칭찬에 대한 절대적 신뢰는 그리 오래 가지 않은 듯하다. 칭찬이 효과가 없는 걸까? 어쩌면 그 방법이 잘못됐기 때문인지 모른다. 인간은 고래와 다르니 좀 더 고난도의 칭찬이 필요하다.

독이 되는 칭찬

다큐멘터리의 한 장면을 보자.

> 대학생 한 명에게 쉰 개 정도의 영어 단어를 외우라고 시킨다.
> 시간이 어느 정도 지난 뒤 외운 단어를 적어보라는 과제를 내준

다. 암기력 테스트인 셈이다. 실험 참가자가 끙끙대며 열심히 외운 단어를 적는 동안, 그 모습을 지켜보던 실험 진행자가 한마디 던진다.

"대단하신데요?!"

진행자의 칭찬에 참가자는 머쓱해하며 "정말요?"라고 수줍게 묻더니 더 몰입해 단어를 적어나간다. 기억력의 한계에 다다를 즈음, 갑자기 진행자가 한 통의 전화를 받고는 잠시 자리를 뜬다. 단어가 적힌 종이, 즉 답안지를 테이블 위에 올려둔 채로. 진짜 실험은 지금부터다. 참가자는 어떻게 행동할까? 슬금슬금 눈치를 보는 듯하더니 단어가 적힌 종이를 들춰보기 시작한다. 그러고는 컨닝한 단어를 내가 외웠던 단어인 양 적어나갔다.

왜 그랬을까? 실험이 끝난 뒤 참가자에게 물었다.

"왜 굳이 답을 보면서까지 하셨어요?"

"별거 아닌 것 같은데 대단하다고 칭찬하시니 그분의 기대를 만족시켜드려야 할 것 같아서요."

이 실험은 칭찬이 만병통치약이라고 생각하는 사람들에게 보기 좋게 한 방 먹인다. 상대가 더 열심히 행동하게 하려고 던진 칭찬이 오히려 독이 될 수도 있음을 보여준 것이다. 그래서 칭찬을 하려면 제대로 해야 한다.

우리가 하는, 혹은 들었던 칭찬을 생각해보자. "역시 자네밖에 없

결과에 대한 칭찬	100점이네~ 잘했어! 역시 우리 딸 최고!	다음번엔 어쩌지? 컨닝이라도 해야 하나….
재능에 대한 칭찬	어쩜 이리 빨리 풀어? 똑똑하다, 천재네!	계속 이 정도 난이도만 풀어야지!

어!" "최고야, 똑똑해!" "해낼 줄 알았어, 잘했어!" 대충 이런 칭찬들이 떠오를 것이다. 여기에는 우리가 몰랐던 문제들이 숨어있다.

첫 번째 문제는 '결과에 대한 칭찬'이다. 이런 칭찬을 들으면 사람은 뿌듯함과 함께 부담감을 느낀다. 이미 보여준 결과를 또 보여줘야 한다는 부담감 말이다. 결국 상대의 기대치를 만족시키기 위한 선택은 '결과에 대한 집착'이다. 이것이 단적으로 드러나는 것이 앞의 사례처럼 부정행위다.

다른 예를 들어보자. 시험에서 80점을 받아오면 혼냈던 부모가, 운이 좋아 100점을 받은 아이에게 "100점 받았네? 잘했어, 역시 최고야!"라는 칭찬을 한다. 다음 시험을 앞두고 아이는 '100점을 받아야 칭찬을 듣는다'라고 생각한다. 그러다 보면 부정한 방법을 써서라도 좋은 점수를 받고 싶어진다. '결과에 대한 칭찬'이 위험한 이유다. 조직에서도 마찬가지다. 영업 실적이 매번 바닥을 헤매다 운이 좋아 우수한 성과가 나왔을 때 리더가 "그래, 진작 이렇게 했어야지, 잘했어!"라며 당근을 내민다면 어떨까? 그 직원은 다음에도 어떻게 해서든 좋은 성과를 내겠다는 부담감을 갖게 된다. 그 과정에서 어떤 위험이 생기더라도 말이다.

두 번째 문제는 더 심각하다. '재능에 대한 칭찬'이다. EBS에서 초등학생을 대상으로 실험을 했다. 한 학생에게 수학 문제를 풀게 하고, 그 모습을 보며 선생님이 계속 칭찬을 한다. "너 정말 똑똑하구나!", "이렇게 빨리 풀다니, 천잰데?"라는 식으로 말이다. 아이는 뿌듯해하며 계속 문제를 푼다. 잠시 후, 선생님이 바뀌고 다른 선생님이 묻는다. "아까 풀었던 것보다 조금 어려운 문제를 풀어볼래, 아니면 비슷한 문제를 풀어볼래?" 아이의 답은 어땠을까? 슬프게도 모두 "비슷한 문제"였다. 괜히 어려운 것에 도전했다가 자신을 천재라고 추켜세워준 선생님을 실망시킬지 모른다는 생각에서다. 이처럼 재능에 대한 칭찬은 도전적인 목표를 세우는 것을 가로막는다. 아이들에게만 해당되는 문제일까? 조직에서도 이런 상황을 찾아볼 수 있다. 역량이 충분하기에 더 도전적 목표를 가져도 될 것 같은 구성원이 보수적인 제안을 하는 경우다. 바로 실패에 대한 두려움 때문이다. 지금껏 자신이 쌓은 업적과 그것을 통해 받아온 칭찬을 버릴 수 없어서다.

이처럼 용기를 주기 위한 칭찬이 독이 될 때도 있다.

	닫힌 마음	열린 마음
지능과 능력에 대한 생각	지능과 능력은 타고나는 것	노력하면 나아지는 것
부정적 평가에 대한 반응	나는 이 정도밖에 안 되는 사람	좀 더 실력을 키워야지!

약이 되는 칭찬

그럼 올바른 칭찬법은 뭘까? 상대방의 '마음 구조'를 바꾸기 위한 칭찬이다. 스탠퍼드대학교 심리학과 교수인 캐럴 드웩Carol S. Dweck은 사람 마음의 틀, 곧 마음 구조를 '닫힌 마음'과 '열린 마음' 둘로 구분한다. 닫힌 마음을 가진 사람은 지능과 능력이 타고나는 것, 열린 마음을 가진 사람은 노력만 하면 얼마든지 나아질 수 있는 것으로 생각한다.

그래서 현명한 리더는 구성원들에게 올바른 칭찬을 해서 그들이 열린 마음을 갖게 해준다. 올바른 칭찬법, 다음의 두 가지만 꼭 기억하자.

첫 번째 방법은 결과나 재능이 아닌 '과정'에 대한 칭찬이다. 예를 들어보자. 반에서 30등 정도 하던 아이가 주말에도 놀지 않고 책상에 오래 앉아 있더니, 10등이나 올라 20등이 됐다. 이때 먼저

"반에서 20등이 뭐니?"라는 잔인한 피드백은 잠시 접어두자. "잘했어. 이거 봐, 너도 하니까 되잖아." 이는 전형적인 결과 중심의 칭찬이다. 과정을 칭찬한다면 "이번 시험 준비한다고 주말에도 열심히 하더니, 저번보다 더 나은 결과가 나왔네?" 이렇게 상대가 한 행동, 즉 과정을 언급하는 게 좋은 칭찬이다. 시험 점수는 결과일 뿐, 노력한 것을 인정 받을 때 '다음에도 이렇게 열심히 해서 또 칭찬받아야지'라는 기대를 가질 수 있다.

조직에서도 마찬가지다. 업무 성과는 좋을 수도 있고 안 좋을 수도 있다. 어떤 결과가 나왔든, 그 일을 처리하느라 누군가는 애를 썼다. 최소한 그 과정에 대해서는 인정해주는 게 필요하다. 어떤 자료를 통해 결과물을 만들었는지, 일하는 과정에 힘들었던 점은 없는지 등을 묻고 도움을 주는 게 중요하다. 일을 성공적으로 마쳤을 때도 "역시 자네는 달라!"와 같이 재능이 아닌, '어떤 식으로 일을 했는지'를 인정해줘야 한다. 앞서 언급한 영업 사원의 경우도 마찬가지다. "예전과 달리 실적이 잘 나오게 된 원인이 뭐라고 생각해?" 같은 질문을 통해 업무 과정에서의 변화를 칭찬해줘야 한다. 이를 위해서는 구성원의 성과와 업무 방식에 대한 정확한 관찰이 먼저 있어야 한다. 관찰을 통해 파악한 사실만으로 피드백을 해야 구성원이 그 말의 진정성을 의심하지 않는다.

두 번째 방법은, 그 행동으로 인한 긍정적인 영향력을 설명해주는 것이다. 예를 들어, 갑자기 휴가를 가게 된 동료의 일을 기꺼이

도와준 박 대리에게 "고생했어, 역시 박 대리밖에 없어!"라고 하는 건 단순히 결과만을 말하는 것이다. 좋은 칭찬은 "박 대리 덕분에 우리 팀이 서로 도와주는 분위기가 만들어진 것 같아"라고, 그 행동이 끼친 영향에 대해서까지 말하는 것이다. 구성원의 성과로 조직에 어떤 긍정적 파급력이 생겼는지를 구체적으로 제시해주라는 뜻이다. 이런 피드백을 받았을 때 구성원은 스스로를 별개의 객체가 아닌 '타인과 유기적으로 얽혀 있는 공동체의 구성원'으로 인식하게 된다. 사람은 누구나 다른 사람에게 영향을 미치고 싶어 한다. 그리고 그것이 긍정적 영향력임을 인식할 때, 그런 행동을 하려는 욕망은 더 강해진다.

Essential tip

누워만 있던 아기가 끙끙거리다 몸을 돌렸을 때, 네 발로 기어다니다 두 발로 일어섰을 때, 혼자서 신발을 신고 뿌듯해할 때 등 아이를 키우다 보면 많은 순간 놀라움을 경험한다. 그리고 환호하며 박수를 보낸다. 하지만 안타깝게도 아이가 어린이가 되고 어른이 되어가면서, 그 행동들은 당연한 것이 된다. 어떨 땐 그렇게 하지 않는다는 이유로 질책의 대상이 되기도 한다. 다시 눈높이를 낮춰보자. 더 정확히는 상대의 눈높이에서 바라보자. 그럼 칭찬할 게 더 잘 보인다. 리더의 입장에서 구성원의 행동과 결과가 성에 안차는 건 어쩌면 당연하다. 그만큼의 역량과 경험이 없으니 말이다. 칭찬은 상대에 대한 관심이고 노력임을 알아야 한다.

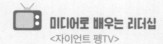

열 살 펭수에게 배우는
공감의 리더십

리더가 갖는 무게감은 크다. 큰 조직이든 작은 조직이든, '타인'을 이끌어가야 한다는 건 생각보다 어렵다. 자신의 의지를 컨트롤하는 것도 쉽지 않은데 다른 사람을 움직이는 건 큰 숙제다. 하지만 리더라는 자리에 앉은 이상, 손 놓고 있을 순 없다. 힘들어하는 구성원에게 조언을 하며 일에 몰입하게 하고, 현 상황에 대해 피드백해 더 나은 행동을 하도록 변화시키며 가이드를 해야 하는 리더의 역할을, 우연히 접하고선 팬이 되어버린 펭귄에게서 힌트를 얻었다. "210cm 자이언트 펭귄"이라고 당당히 소개하고, "신이 나, 신이 나, 엣헴 엣헴 신이 나!"를 해맑게 외치며, "바닷속을 날아 빌보드로 가자"며 호기롭게 노래하는 펭수 이야기다. 툭하면 대빵을 찾고, 참치통조림을 달라고 소리치는 (공식적으로는) 열 살짜리 펭귄에게 뭘 배울 수 있을까? 하나씩 들여다보자.

직원은 힘들다. 일이 많고 적고를 떠나, 일하기 싫고 좋고의 관점이 아니라, 조직에 속해 일을 한다는 것 자체가 '당연히' 어렵다. 내가 하고 싶은 걸 하는 게 아니라서 힘들다고 말한다. 그럴 때 일반적인 리더의 반응은 예상대로 "Latte is horse(나 때는 말이야)"다. 과거에 비하면 얼마나 조직문화가 좋아졌는지, 업무가 얼마나 간소화 됐는지를 설명한다. 그러면서 "잘 할 수 있을 테니 기운 내!"라는 따뜻한 격려로 마무리….

이런 모습에 펭수가 묵직한 한 방을 날린다.

"내가 힘든데 힘내라고 하면 힘이 납니까? 그러니까 힘내라는 말보다 저는 '사랑해'라고 해주고 싶습니다."

어설픈 조언이 아닌, 상대가 느끼는 현실을 그냥 받아들여주는 공감이다. 구성원이 바라는 것 역시 리더의 이런 한마디일 때가 많다. 특히 '나는 나, 너는 너'라는 사고가 어릴 때부터 박혀있는 요즘 직원에게 "나 때는~" 같은 말은 역효과를 낳을 수밖에 없다. 물론 그런 말을 하는 리더의 상황과 의도를 이해 못하는 게 아니다. 충분한 역량이 있고 이를 발휘할 환경이 갖춰졌음에도 "힘들다"고 말하는 구성원이 안타깝게 보여 진심으로 힘을 주려고 그 말을 했을 것이다. 하지만 대화에서 중요한 건 말의 의도나 내용이 아니다. 듣는 사람이 뭘 받아들였느냐다. 듣는 사람이 잔소리로 느꼈다면 그건 더 이상 충고가 아니다.

그럼 의문이 생긴다. 조직에서도 펭수처럼 "사랑해!"라고만 외칠 순 없는 거 아닌가. 그래서 현실이 힘들다고 말하는 이들에게 펭수는 이런 말도 덧붙인다.

"현재에 충실하세요. 마음이 미래에 있으면 불안한 법이에요. 오늘 즐거운 일을 하면 됩니다!"

리더의 역할도 마찬가지다. 넋 놓고 "다 괜찮다"라고만 말하는 건 무책임한 낙천일 뿐이다. 상황에 대한 공감 후에는 힘을 주기 위한 메시지가 필요하다. 이때 많

은 리더가 실수하는 게 있다. "지금 이것만 잘 마치면 다음에…" 식의 격려다. 하지만 그 내용이 지금 당장 눈 앞에 보이지 않으면 구성원은 입 발린 거짓말로 느낄 확률이 크다. 그게 정말 거짓이어서가 아니다. 와닿지 않아서다. 무슨 일이 벌어질지 모르는 세상을 사는 이에게 "다음 평가 때", 혹은 "나중에 비슷한 기회가 주어지면" 등의 말은 전혀 매력적이지 않다. 당장 다음 달에 회사를 옮길 수도 있는데 말이다.

그래서 구성원에게 현재의 일 하나가 조직 내 전체 업무 과정에서 어떤 기여를 하는지 알려줄 필요가 있다. 이때 거창하게 억지로 짜내서 그럴 듯 하게 꾸미지 말자. 자료 수집을 맡긴 구성원이 좀 더 다양한 리서치를 해주길 바란다면, 그 내용을 기반으로 마케팅 방향 설정이 달라질 수 있음을 설명하자. 보고서의 오탈자 문제를 줄이고 싶다면, 그런 문제 없는 보고서로 리더가 아낄 수 있는 시간이 얼마나 되고 그로 인해 의사결정이 얼마나 빨라질 수 있는지 등을 알려주면 된다. 정말 사소해도 좋다. 현재 하는 일이 가치 있음을 인식만 시켜주자. 아무리 생각해도 없다면, 그 일은 쓸모 없는 일이거나 리더의 사심으로 인한 괴롭힘일 뿐이다.

공감만큼 중요한 피드백

리더의 역할 중 배놓을 수 없는 것이 구성원을 피드백 하는 것이다. 특히나 최근 '상시 평가'를 도입하는 기업이 많아지면서 피드백에 대한 중요성도 커지고 있다. 그런데 안타깝게도, 리더와의 피드백 세션 후 기분 좋아하는 사람을 거의 보지 못했다. 왜일까? 많은 면담에서 사람들이 비교 당한다고 느껴서다. 리더 입장에선 상대적인 비교가 어쩌면 당연하다. '왜 저 직원은 같은 연차 구성원보다 업무 속도가 느리지?', '저 직급에 이 정도는 당연히 알아야 하는 거 아닌가?'란 생각이 떠오를 수밖에 없다. 하지만 그런 비교는 전적으로 리더만의 관점일 뿐이다.

그렇다고 피드백을 하지 않을 순 없다. 피드백을 통해 지금보다 나은 다음을 만들어 주는 게 리더의 역할이고 의무여서다. 쉽지 않은 피드백을 해야 하는 리더가 생각해볼 만한 펭수의 한마디가 있다.

"다 잘할 순 없어요. 펭수도 달리기는 조금 느립니다. 하나를 잘 못한다고 너무 속상해하지 마세요. 잘하는 게 분명 있을 겁니다. 그걸 더 잘하면 돼요."

모든 걸 다 잘할 수 없는 게 사람이다. 다른 말로 어떤 건 남보다 뛰어날 수 있다는 뜻이다. 그래서 리더의 피드백은 남과의 비교가 아닌 그 사람과의 비교여야 한다. 그래서 구성원의 과거에 기반한 피드백이 필요하다. '마켓컬리' 김슬아 대표는 어릴 때부터 지켜온 습관이 있단다. 하루를 마치며 오늘은 뭘 더 잘했으면 좋았겠고, 내일은 뭘 더 잘할까를 적어보는 것. 거창한 변화가 아닌 '하루 하나씩'만 바꿔보는 것이다. 여기에 다른 사람과의 비교는 없다. 나 스스로 매일 조금씩, 작은 행동 하나만 바꿔보는 것이다. 리더의 피드백도 이러면 어떨까? 영업 현장에서 오늘했던 사소한 실수를 내일은 바꿔본다면, 타 부서와의 협업 시 정보를 바트려서 갈등을 만들었다면 그걸 내일은 어떻게 바꿀지 등이 피드백 내용이 되는 것이다. 변화의 기준이 타인이 아닌 자신이 될 때 구성원이 납득하기도 더 쉬워지지 않을까?

Essential tip

펭수에게 리더십을 배우기로 했으니, 마무리도 펭수의 말로 해보자. "나이가 중요한 게 아니고, 어른이고 어린이고 중요한 게 아닙니다. 이해하고 배려하고 존중하면 되는 거예요." 핵심은 '내가 선배니까', '내가 경험이 더 많으니까'라는 생각을 버리고 함께 만들어 가는 동료가 되는 것이다. 이런 마음이 있다면, 리더의 말과 행동이 조금은 달라질 것이다.

구성원과 관계 맺기가
힘든 리더에게

코로나 팬데믹이 끝난 뒤 많은 기업에 혼란이 왔다. 채용부터 입사까지 원격으로 진행된 기업도 있었는데, 이젠 예전과 같이 같은 공간에서 얼굴을 보며 일해야 하는 상황이 된 것. 정상으로 돌아온 것 아니냐고 생각할 순 있지만, 원격 환경에서의 근무가 익숙했던 사람들에겐 '새로운 시작'이나 다름없었다. 이때 많은 기업에서 강조한 게 구성원과 리더의 '원온원1on1 미팅'이다. 구성원 개개인의 빠른 조직 적응을 돕기 위해서는 개별화된 접근이 중요했기 때문이다. 원온원 미팅이 제대로 이뤄지려면 리더는 무엇에 집중해야 할까?

경청하고 진심으로 대하라

원온원 미팅은 말 그대로 리더와 구성원이 일대일로 만나 이야기를 나누는 것이다. '다들 일하느라 정신 없이 바쁠 때 이런 게 꼭 필요할까?' 싶겠지만, 그렇다. 인간이 가진 소속감의 니즈를 충족시킬 가장 쉽고 빠른 방법이라서다. 업무 환경에 빨리 적응할 수 있게끔 리더가 도와줘야 한다. 그 방법이 개개인의 이슈를 듣고 함께 생각해보는 원온원 미팅이다. 거창하게 조직 전체가 모여 워크숍을 기획하는 것보다 훨씬 쉽고 빠른 방법이다.

원온원 미팅을 해야 한다는 것에 동의가 됐다면 이제 고민해야할 건 그 '주제'다. 구성원과 마주 앉아 무슨 이야기를 할 것인지를 정해야 한다. 결론부터 말하자면 정답은 없다. 조직의 상황이 어떤지, 리더와 구성원의 친밀도가 어느 정도인지 등에 따라 다르기 때문이다. 업무상 급박하게 챙겨야 할 이슈가 없는 조직의 리더라면, 그리고 구성원과의 신뢰관계가 높다면 취미나 건강 같은 사적인 내용으로 편하게 시작해도 된다. 하지만 해결해야 할 과제가 산적한 조직의 리더가 '원온원에서 업무 이야기는 바람직하지 않다고 했어'라며, 초조한 마음을 숨기고 억지로 개인적인 이야기를 하며 시간을 쓸 필요는 없다. 평소 친분 관계가 없다가 오랜만에 마주앉아 갑자기 "요즘 건강 관리는 잘 하고 있나요?"라고 물을 필요도 없다. 회사는 어차피 일을 하러 모인 곳이니까, 그걸 잘 해내기 위한 주제로 시작하는 것도 상관없다. "고민은 배송만 늦출 뿐"이라는

> ☑ **원온원 때 하면 좋은 질문**
>
> • 요즘 일과 삶의 균형은 어때요?
> • 요즘 고민이 있나요?
> • 지금 업무량은 어때요?
> • 누구와 일할 때 좋은가요? 혹은 어려운가요?
> • 맡은 업무 중에서 개선하고 싶은 부분이 있나요?
> • 새롭게 도전해보고 싶은 일이 있나요?
> • 어떤 일을 할 때 보람을 느끼나요?
> • 리더인 저에게 해주고 싶은 피드백이 있나요?
> • 내가 어떤 걸 도와주면 좋을까요?
> • 회사의 문화 중 바꾸고 싶은 게 있나요?

우스갯소리처럼 '뭘 얘기할까?'라는 고민은 미팅 시작만 늦출 뿐이
다. 해야 하는 것이라면 어떤 이야기든 좋으니 당장 시작하자.

더욱 의미 있는 미팅이 되려면 뭘 말할지보다는 뭘 들어야 할지
를 고민하자. "어떤 일을 할 때 보람을 느끼나요?", "요즘 어떤 고민
이 있어요?", "리더인 내가 어떤 걸 도와주면 좋을까요?"와 같은 물
음표를 생각하자. 그리고 구성원이 자신의 생각을 말하는 걸 잘 들
어주자. 이렇게 말하면 리더들이 묻는다.

"질문을 해도 아무 말도 안 하는 직원은 어떻게 하나요?"

왜 그럴까? 두 가지 이유를 생각해볼 수 있다. 하나는, 리더가 들
어주지 않아서다. A가 힘들다고 말하면 "그 정도는 견뎌야 합니다"
라고 말하고, B를 도와달라고 하면 "당장 제가 해줄 수 있는 건 아

니네요"라고 답하는 리더에게 계속 말하고 싶은 구성원은 없다. 원온원 미팅을 잘 하고 싶으면 판단하거나 평가하지 말자. 일단 들어만 주는 걸로 시작해도 된다. 또 다른 이유는, 슬프게 들릴 수도 있지만, 말하고 싶지 않은 리더라서다. 리더가 나쁜 사람이어서가 아니다. 구성원이 자신의 상황을 이야기할 만큼 마음이 열리지 않았기 때문이다. 그럴 땐 리더가 위임하는 것도 필요하다. 구성원이 조금이라도 편하게 얘기할 만한 중간 관리자나 동료가 있다면, 그와 일대일로 이야기를 나누도록 하는 것이다. 거기서 나온 말을 리더에게 알려달라고 요청하자. 다만 이 절차는 공개적으로 밝혀야 한다. 그래야 그 구성원이 '난 개인적인 대화로 알고 얘기한 건데, 팀장님이 다 알고 계시네!'라는 황당함을 느끼지 않는다.

들어주는 원온원 미팅을 하겠다고 다짐하지만 선뜻 실행하지 못하는 리더도 있다. 이유는 불안해서다. 구성원은 뭘 하고 싶은지, 어떨 때 힘든지 등을 말할 텐데 그에 대해 '속 시원한 답을 못 주면 어쩌지?'라고 생각하는 리더가 의외로 많다. 우선 뭐라도 해주려는 이런 마음에 박수를 보낸다. 하지만 욕심을 버리라고도 말하고 싶다. 과연 구성원이 리더에게 회사와 관련한 여러 고민을 털어놓을 때 그게 정말 바로 해결될 거라고 생각할까? 해결책을 꼭 듣고 싶어서 말하는 게 아니라는 뜻이다. 입장 바꿔 생각해보자. 리더인 내가 상위 리더에게 "이렇게 바꾸면 좋겠습니다"라고 건의할 때, 그게 무조건 될 거라고 기대하는가? 그렇지 않음에도 요청하는 이유는, '내가 지금 이런 고민을 하고 있으니 알아달라'는 사인을 보내는 것이다. 원온원 미팅에서 리더로서 해야 할 것은 그 신호를 '경청'으로 제대로 감지하고, 할 수 있는 만큼 도와주려는 '진심'을 보여주는 것이다. 해결해야 한다는 부담은 잠시 내려놓고 일단 시작해보자.

Essential tip

업무 챙기기도 바쁜 리더에게 원온원 미팅이라는 또 다른 숙제가 던져졌다. 쉽지 않은 과제임은 분명하다. 기존에 해보지 않았던, 그렇기에 노하우가 부족한 낯선 일인 것도 맞다. 하지만 거꾸로 생각해보면, 그래서 "시행착오를 해도 괜찮다"는 뜻이다. 나도 처음이고 구성원도 처음이니 말이다. 과정만으로도 얻어지는 것은 분명히 크다.

힘들어도 할 말은 하는
'진정성'

직장인은 기본적으로 일을 잘해야 한다. 그리고 맡은 업무에 전문성이 있으면 리더가 될 확률이 높다. 그런데 그것만 잘해서는 리더라고 할 수 없다. 본인 혼자가 아닌 구성원을 통해 업무 성과를 내야 하는 사람이기 때문이다. 그래서 필요한 게 '구성원 관리'다. 정확한 목표를 주고 이를 어떻게든 달성할 수 있어야 한다. 그래서 '업무 전문성'에 '관리 역량'까지 기본적으로 갖춰야 한다.

그런데 요즘 리더는 기존과 다른 관리 역량이 필요하다. 이상하게 들릴 수도 있지만, 구성원에게 열정을 강요해서는 안 된다. 인생 선배라는 명목으로 자꾸 개인사를 묻는 것도 바람직하지 않다. 친분이나 개인사에 연연하지 말고 공정하게 보상하는 것이 중요하다. 달라진 세대에 맞게 다른 방식의 관계맺기가 필요하다. 여기에 하나 더 중요한 게 있다. 업무든 사람이든 진정성을 갖고 임하는 것이다. '일 잘하고 관리 잘해서 성과만 잘 내면 되는 줄 알았는데 왜 갑자기 진정성?'이라는 의문이 들지도 모른다. 그럼 그 이유와 진정성을 갖기 위해 필요한 게 무엇인지 알아보자.

진정성
眞 情 性

명사 진실하고 참된 성질

진정성의 사전적 정의다. 이를 비즈니스 업무 상황으로 풀어내면 리더가 구성원과 일을 대할 때 '진실'된 마음으로 '참되게' 행동해야 한다는 뜻이다. 갑자기 도덕 교과서 같은 얘기를 굳이 강조하는 이유는 시대가 달라졌기 때문이다.

공급자가 왕인 시절이 있었다. 이때는 기업이 물건이나 서비스를 만들면 사람들이 알아서 몰려들었다. 그것 말고는 대안이 없었기 때문이다. 그것에 어떤 문제가 있어도 딱히 하소연할 곳도 마땅치 않았다. 하지만 그런 시절은 끝났다. 어떤 기업이 새로운 걸 만들면 금방 비슷한 다른 게 나온다. 작은 문제가 생겼을 때 이를 마음만 먹으면 다양한 채널을 이용해 퍼트릴 수 있다. 댓글 하나로 여론이 만들어지기도 한다. 소비자가 시장의 주도권을 잡고 있는 셈이다.

이건 기업 내 역학관계에서도 마찬가지다. 예전에는 그냥 조용히 일했다. 상사의 어떤 행동이 마음에 들지 않아도, 잘못된 조직문화가 눈에 거슬려도 대부분 넘어갔다. 기업 '안'에 속한 구성원은 힘이 없었다. 하지만 이젠 다양한 분출구가 있다. 익명의 앱을 통해 회사 내부 상황이 적나라하게 드러나기도 하고, 온라인을 넘어 오프라인으로까지 집단행동이 이어지기도 한다. 당사자는 별 것 아니라고 생각한 사소한 행동 하나, 말투 하나가 이슈가 될 때가 많다.

중요한 건 이런 문제가 생겼을 때의 대응이다. 예를 들어, 비즈니스 상황에서 문제가 생겼을 때 사람들이 기업에 기대하는 게 '진정성 있는 사과'다. 기자들을 모아놓고 고개 한 번 숙이는 형식적인 사과에 사람들은 움직이지 않는다. 어떤 부분을 잘못했고 앞으로 개선책은 무엇인지, 진심을 담은 사과가 있어야 상황이 바뀐다. 조직 관리에서도 마찬가지다. 구성원은 조직의 문제 해결을 위해 리더가 얼마나 진정성 있게 다가서느냐를 지켜본다. 설사 그 대안이 마음에 썩 들지 않더라도 '현재 할 수 있는 선에서는' 최선이라고 생각하면 만족하기도 한다. 상황 무마를 위해, 당장의 곤란함을 피하기 위한 대응보다 완벽하진 않아도 '진심으로 노력하는' 모습에 움직이는 게 요즘 사람들이다. 이게 리더에게 필요한 진정성이다.

의도적 솔직함을 만든다

구성원에게 진정성을 보이려면 어떤 행동이 필요할까? 핵심은 의도적 솔직함이다. '의도적'이라는 수식어가 중요하다. 이는 업무와 관계, 두 가지 측면에 다 필요하다.

먼저 업무에서의 솔직함에 대해 말해보자. 구성원이 리더에게 성과를 기대하는 건 당연하다. 내가 풀지 못하는 어려운 과제도 리더는 해결할 수 있으리라 생각한다. 하지만 그렇다고 완벽함을 바라진 않는다. 리더 역시 틀릴 수도 있고 실수도 한다. 중요한 건 그때의 대응이다. 그럴 때 누구를 탓하는 리더를 따르고 싶은 구성원은 없다. 본인의 잘못을 잘못이 아니라고 우기는 리더를 존중할 구성원 역시 없다. 한 발 더 나아가, 문제가 드러나기 전에 먼저 잘못을 인정하는 의도적 솔직함을 보이는 게 필요하다. 이처럼 모르는 건 모른다고, 틀린 건 틀렸다고 솔직히 말하는 리더에게 구성원은 진정성을 느낀다.

두 번째, 관계에서의 솔직함은 상황을 통해 알아보자. 구성원이 며칠 간 야근을 자청하며 기획서를 올렸다. 고생은 했지만 결과물은 영 아닌 상황…. 이때 솔직하게 아닌 건 아니라고 말하는 A리더와 고생한 걸 아니까 일단은 "잘했다"고 칭찬하는 B리더 중 구성원은 누구에게 진정성을 느낄까? 당연히 A다. 당장은 쓰고 조금은 서운하기도 하지만, 친목이 아닌 성과를 만들어 내야 할 조직에서 진짜 해야 할 행동은 '아닌 건 아니라고 말하는 것'이다. 여기에는 용기가 필요하다. 솔직한 피드백에 섭섭해하진 않을까, 의욕이 꺾여 다음에는 열심히 안 하지 않을까 등, 구성원의 반응에 걱정이 들 테니까. 하지만 이런 피드백에 비난이 아닌 개선을 이끌어내려는 좋은 의도를 담고 있다면, 오히려 구성원은 솔직한 리더의 피드백에서 진정성을 느낀다.

잘못되어 가고 있음에도 지금의 곤란한 상황을 넘기기 위해 괜찮다고 말하지 말자. 결국 언젠가는 구성원도 당시의 괜찮음이 진짜 괜찮은 게 아니었다는 걸 알게 될 것이고, 이때의 배신감은 훨씬 더 크다. 그래서 관계에서의 솔직함을 한 문장으로 나타내면 '놀래키지 않기No surprising'다. 힘들더라도 할 말은 하는 리더의 모습이 필요하다.

그런데 별거 아닌 이런 모습이 왜 리더에게서 자주 보이지 않는 것일까? 시간이 없어서다. 심리 실험 결과를 보자. 두 집단에 '사회적 가치에 대한 질문, 예를 들어 "어려움에 처한 이웃을 돕겠습니까?"라거나 "신설된 규정을 잘 지키시겠습니까?" 같은 질문을 했다. 다른 점은 A그룹에는 개별 질문에 '11초 이내에' 답하라고 했고, B그룹에는 '11초 이상'을 생각한 뒤 답하도록 했다. 단지 시간만 달리했을 뿐인데, 결과는 빠른 응답을 지시한 A그룹에서 "옳은 행동"을 답한 비율이 훨씬 높았다. 사람은 시간에 쫓기면 주변의 반응에 더 민감해지기 때문이다. 일단 이 상황을 빨리 넘겨야 한다는 압박이 생기다 보니, 솔직한 나의 생각을 드러내기보단 남들이

봐도 문제없는 답변을 하게 된다는 것이다.

리더에게도 시간이 필요하다. 자신의 의견을 드러내려면 충분히 생각할 시간이 있어야 한다. 그래야 내가 모르는 것, 내가 놓치고 있는 게 뭔지 알 수 있다. 구성원에게 솔직한 피드백을 하기 위해서도 준비가 필요하다. 그 구성원이 어떤 점은 잘하지만 무엇은 부족한지 알아야 진짜 솔직함이 가능하다. 업무에서도 마찬가지다. 스피디한 업무 처리, 당연히 좋지만 너무 그것에만 집착하면 '지금껏 그랬으니까', '이 회사는 원래 이러니까'라는 생각에 사로잡힐지 모른다. 이건 나의 판단은 사라지고 주변의 기준만 남는 셈이다. 이런 환경에서 진실되고 참된 진정성이 살아남을 순 없다.

> **Essential tip**
>
> 진정성은 더 이상 도덕의 문제가 아니다. 달라진 세상에서 다른 리더십을 발휘하기 위한 필수요소다. 스스로에게 물어보자. 나는 내가 일하는 업무 현장에서 얼마나 '진심'으로 행동하고 관계를 맺고 있는가? 바로 답하진 말자, 11초만 더 생각해보자.

SELFISH
LEADER

PART 2

이기적 리더의 업무 관리법
나를 깨워 상대를 움직인다

상대가 제시했던
기준을 활용한 협상

'저 푸른 초원 위에 그림 같은 집을 짓고' 살고 싶다는 꿈을 항상 품고 있던 당신. 은퇴를 앞두고 전원 주택을 사기로 결심했다. 발품을 판 끝에 마음에 드는 부지의 집을 발견했다. 그렇게 시작된 집 주인과의 협상. 당신은 7억 원 정도면 충분하다고 생각했다. 하지만 상대는 적어도 8억 원 이상은 받아야 한다고 맞선다.

이 협상, 어떻게 풀어야 할까? 대부분의 협상에서 가장 민감한 부분이 바로 '가격'이다. 가격 협상의 단계에 들어가면 많은 협상이 '흥정'으로 흘러가 버린다. 그리고 흥정을 하다 보면 서로 조금이라도 더 갖기 위해 싸우는 늪에 빠진다. 결국 누구도 만족하지 못한 채 협상은 끝난다. 다시 협상 상황으로 들어가보자. 한쪽은 8억 원이니 혹시 머릿속에 '7억 5000만 원'이라는 숫자가 본능처럼 떠올랐는가? 하지만 본능은 잠시 접어두자. 협상은 본능의 싸움이 아니라 논리의 경연장이니까. 논리적 협상을 통해 상대의 인식을 만족시키려면, 가격을 제시하기 전에 어떤 논리로 그 가격이 나왔는지를 설명해야 한다. 이를 협상학에선 "객관적 기준Standard"이라고 한다. 그리고 기준에는 상대를 납득시키는 힘이 있다. 똑같은 제안을 하더라도 어떤 근거를 갖고 주장하느냐에 따라 상대의 만족도는 하늘과 땅 차이로 달라진다.

영업 목표 수립을 위한 구성원과의 협상 상황을 생각해보자. 당신은 최대한 공격적인 목표를 제시한다. 하지만 실적 달성 여부에 따라 인센티브가 좌우되는 상대 입장에서는 목표 매출을 가능하면 낮추길 원한다. 이때 협상이 안 되는 리더는 "30억은 해줘야지!"라며 협상이 아닌 '협박'을 한다. 그러면 상대는 어쩔 수 없이 목표를 받아들이고 나간다. 이 구성원이 과연 30억 달성을 위해 얼마나 열심히 일할까? 아마도 '목표가 너무 과하다'는 생각에 투덜대며 일할 확률이 높다.

하지만 기준을 활용하면 달라진다. 예를 들어 "자네의 지난 3년간 평균 매출 성장률이 12퍼센트였으니까 올해는 15퍼센트는 더 해주길 바라네"라고 말하는 것이다. 혹은 "다른 영업 부서가 평균 10퍼센트의 목표 성장률로 합의했으니 자네도 작년보다 10퍼센트는 더 해주길 바란다"고 말하는 식이다. 결론은 똑같이 "목표 30억"이지만, 그냥 목표만 던지는 것에 비해 왜 이 목표가 제시되었는지에 대한 기준을 말하면 상대는 과도해 보이는 목표라도 받아들일 확률은 훨씬 높아진다.

협상에선 객관적 기준으로 크게 세 가지를 제시한다. 첫 번째는 공시 가격published price이다. 모두에게 공개된 가격 조건을 말하는 것으로, 부동산 협상에서 '공시지가'와 같은 것이 대표적이다. 두 번째는 시장 가격Market Price이다. 비슷한 시장에서 거래가 이뤄지고 있는 가격 수준을 기준으로 협상을 진행하는 것. 앞서 본 '다른 부서의 평균 성장률' 같은 것이 이에 해당한다. 집 값을 정해야 하는 상황이라면 주변 비슷한 전원 주택의 최근 매매가격이 이에 해당된다. 마지막은 전례Historical Price다. 과거 유사한 거래 경험이 있다면, 그 수준과 추이에 맞게 이번 협상의 조건을 결정할 수 있다. 어떤 것이 옳고 틀리고는 없다. 확실한 것은, 하나의 안건에 대한 협상이라도 수많은 기준이 적용될 수 있다는 사실이다.

기준을 정할 때 기억해야 할 점은, 다양한 기준 가운데 어떤 것이 나에게 가장 유리한지를 파악하는 것이다. 그래서 협상 고수는 내가 제시할 수 있는 기준만 생각하지 않는다. 상대가 어떤 기준을 제시할까에 대해서도 치밀하게 연구한다. 그리고 상대가 제안할 기준이 이번 협상에서는 적합하지 않다는 논리를 만들어 낸다.

협상의 고수는 여기서 한 발 더 나간다. 유명한 위인들의 협상법을 보면 그 공통점을 찾아볼 수 있다. 인도의 민족해방운동 지도자인 마하트마 간디Mahatma Gandhi와 미국의 흑인해방운동을 이끌었

흑인해방운동을 이끈 협상의 대가, 마틴 루터 킹

던 마틴 루터 킹Martin Luther King, 이 두 사람에겐 인종 차별로 억압
받던 사람들에게 자유를 선물했다는 공통점이 있다. 또 주목해야
할 점은 강요하지 않고 상대가 스스로 움직이도록 만들었던, 협상
의 대가라는 점이다.

　간디는 인도가 영국 치하에 있던 시절, 민족 해방을 위해 단 한
번도 큰 소리를 낸 적이 없다고 한다. 대신 그는 인도를 지배하고
있던 영국인들에게 항상 이렇게 물었다.

　"당신들은 문명화된 영국인들이고, 정말 그런 것 같습니다. 그런
데 인종이 다르다는 이유로 무고한 인도 시민들을 죽이고 차별하
고 있습니다. 어찌 된 일입니까?"

　루터 킹 목사의 접근법도 비슷했다.

"미국 헌법은 모든 사람은 동등하게 대우받기 위해 태어났다고 밝히고 있습니다. 하지만 제가 보고 경험한 현실은 그렇지 않습니다. 그래서 저는 너무 혼란스럽습니다."

이 두 사람이 사용한 협상법, 눈치챘는가? 그들은 자신의 입장을 주장하지 않았다. 그 대신 상대가 예전에 보여줬던 말이나 행동이 지금의 그것과 다르다는 점을 알려주기만 했다. 상대방이 중요하게 여기는 규칙을 파악하고 이를 파고들어 자신의 협상력을 높인 것이다. 이것이 '상대가 만든 기준'을 활용한 협상이다.

Essential tip

사람에겐 '일관성'을 지키고자 하는 심리가 있다. 자신이 과거에 한 약속을 어기고 싶은 사람은 거의 없다. 그래서 상대가 과거에 했던 말, 약속 등을 근거로 협상에 들어가면, 한 계단 위에서 협상을 이끌어가는 효과를 얻을 수 있다. 가격 협상을 아직도 밀당을 하는 '흥정'이라 생각하는가? 기준을 활용해 상대의 생각을 변화시키고 상대가 과거에 제시했던 기준을 제시해 나에게 유리한 판을 만드는 것, 그것이 상대와 나 모두의 만족을 높일 수 있는 방법이다.

내가 아닌 남을 통해
설득하는 법

상대가 내 주장을 따르게 하는 데는 다양한 방법이 있다. 포지션 파워를 이용해 찍어 누르기도 하고, 정반대로 읍소하며 애원할 수도 있다. 뭐든 결과만 달성되면 된다. 하지만 결과와 함께 과정도 좋은 게 성공적인 설득이다. 그래야 다음이 또 생기기 때문이다. 좋은 설득이란 상대가 '당했다'는 느낌을 갖지 않도록, '자연스럽게' 선택하게 만드는 것이다.

다음 예를 보자. 당신은 고급 사양의 스파, 쉽게 말해 고급 욕조를 판매하는 글로벌 기업의 영업 담당이다. 주력 시장인 미국에서 실적이 주춤한 상태라 전환의 계기가 필요하다. 이를 위해 회사에서는 기존 1000달러 정도로 판매하던 기존 스파에 비해 두 배 이상 가격이 높은 최고급 사양의 제품을 만들었다. 하지만 시장의 반응은 냉담했다. '그렇게 비싼 스파를 어떻게 사느냐'는 불만이었다. 기존 제품과 달리 어떤 특이점이 있는지, 사용된 소재가 얼마나 고급인지 등을 아무리 설명해도 "그래도 두 배까지는…"이란 게 공통된 반응이었다. 이를 극복하기 위해 설득의 메시지를 이렇게 바꿨다.

"방 하나가 더 생긴다면 얼마 정도 투자하시겠습니까?"

이에 대해 사람들은 "7~8000달러 이상은 필요하지 않아요?"라는 답변을 했다. 그 상황에서 "2000달러로 근사한 방이 생긴다면?"이라는 제안을 했다. 최고급 사양의 스파를 기존 스파 제품과의 경쟁이 아닌 전혀 다른, '방'이라는 프레임에 놓아버린 것. 그러자 사람들이 움직이기 시작했고 조금씩 입소문이 나자 판매량에도 눈에 띄는 변화가 생겼다.

이 이야기는 필자가 지어낸 내용이 아니다. 《설득의 심리학》으로 유명한 로버트 치알디니Robert B. Cialdini 교수가 실제 컨설팅한 사례다. 이렇게 좋은 설득은 누군가를 강압하거나 부탁하는 게 아니다. 상대가 자연스럽게 선택하게끔 만드는 방법이다. 그럼 상대의 선택을 유도할 수 있는 방법들을 보자.

권위가 주는 신뢰의 힘

여행을 하다 지방의 한 식당에 들어갔다. 다른 가게처럼 유명인 사인은 많지 않았는데, 흐릿한 사진 한 장이 눈에 들어왔다. 그리고 사진 속 누군가의 얼굴에 동그라미 표시로 강조가 되어 있었다. 가만 살펴보니 모 걸그룹 멤버였다. 식당에 설치된 CCTV에 찍힌 사진을 확대해 걸어놓은 것이었다. 그 사진을 보고 실소를 지으면서도 많은 생각이 들었다. 이런 식의 홍보를 생각한 사장님의 의도는 뭐였을까?

다큐멘터리 속 한 장면. 장소는 안과 진료실이다. 의사가 환자에게 눈 치료와는 아무 상관도 없는 이상한 행동을 시킨다. 뜀뛰기를 해보라거나 손가락에 물을 묻혀 배꼽 주변을 만져보라는 식이다. 그런데 놀랍게도 모든 사람이 의사가 시키는 대로 한다. 의아한 표정을 지으면서 진료실을 나온 사람들에게 물었다.
"안과 치료와 상관없다고 생각하지 않으셨어요? 근데 왜 다 따라 하셨나요?"
잠시 망설이다 나온 답변은 이랬다.
"의사 선생님이 하라니까요."

이것이 '권위'가 가진 힘이다. 이 때문에 많은 음식점이 맛집 프로그램에 나오길 원하고 출연 이력을 자랑스럽게 걸어둔다. 유명인들의 사인으로 도배를 해두는 것도 마찬가지다. 이러한 연장선에서 앞서 설명한 'CCTV 캡처 홍보'라는 웃지 못할 해프닝도 생긴 것 아닐까?

설득의 핵심 중 하나는 '신뢰'다. 그 제안이 믿을 만한 것이라는 점에 동의를 해야 움직이는 게 사람이다. 그래서 내가 하고자 하는 말의 신뢰성을 높여줄 권위자가 누구인지를 찾는 게 중요하다. 그리고 그를 내가 설득해야 하는 상황에 적극 활용해보자. 건강식품 광고에 의학 박사가 등장하는 이유도, 책 추천사에 유명인의 문구를 넣으려는 이유도 마찬가지다. 인맥이 워낙 좁아서 마땅한 사람이 떠오르지 않는다고 포기하긴 이르다. 꼭 사람일 필요는 없다. 내 주장을 뒷받침해줄 근거의 권위도 힘이 있다. 《타임》지에 제시된 자료가 우리나라 지방 주간지에 실린 내용보다는 훨씬 더 믿을 만하다고 생각하는 게 사람이다.

고객에게, 혹은 상사에게 뭔가를 얻어내고 싶은가? 그렇다면 내가 주장하고자 하는 내용에 편들어줄 수 있는 유명인이 있는지, 혹은 이를 뒷받침할 자료는 없는지 찾아보자. 설득은 단순한 말싸움이 아니기 때문이다.

하지만 권위를 활용한 접근이 늘 통하는 것은 아니다. 아무리 합리적이고 과학적인 근거를 제시해도 납득하지 않는 사람을 만날 때가 있다. 이유가 뭘까? 그 사람은 내가 제시하는 근거, 전문성 자체를 믿지 않기 때문이다. 나에게는 정확한 데이터지만 받아들이는 사람은 '뭔가 왜곡되고 조작된 게 아닐까?' 하며 의심한다. 그래서 상대를 설득하려면 권위라는 바퀴와 함께 또 다른 한 축이 필요하다.

유사성을 가진 집단의 힘

'인플루언서'에 대한 이야기가 유행처럼 번지고 있다. 인플루언서란 트위터나 페이스북, 최근에는 유튜브나 인스타그램 등에서 수많은 구독자(혹은 팔로어)를 보유한 'SNS 유명인'을 일컫는 단어다. 최근 많은 기업에서 인플루언서를 활용한 마케팅에 공을 들이는데, 이유가 뭘까?

인플루언서에겐 두 가지 특징이 있다. 하나는 앞서 설명한 '권위'다. 흔히 생각하는 전문성에 기반한 권력은 아니지만, 대중이 만들어준 권위를 갖고 있다. 두 번째 특징은 '친숙함'이다. 이들은 '일반인이지만 일반인이 아닌 일반인'이다. 내 동생 같고, 옆집 이웃 같은 존재가 인플루언서다. 이 지점에서, 상대를 설득하기 위한 두 번째 요소를 찾을 수 있다. 바로 '유사성을 가진 집단'의 힘이다.

누구나 아는 속담, "친구 따라 강남 간다"는 말이 있다. 사람들은 남이 하면 일단 거부감이 줄어든다. 누군가 선택했다는 것은 그만큼 리스크가 덜하다는 뜻이니 말이다. 그리고 그 선택을 한 사람이 나와 비슷한 사람이라면, 비슷한 결정을 할 확률은 훨씬 높아진다. 이를 잘 알고 있는 영업 사원들은 업무에 이런 심리를 적극 활용한다. 이들은 콜드콜Cold calling(잠재고객에게 먼저 연락하는 전화 영업)을 하지 않는다. 아무 관계도 없는 사람에게 대뜸 찾아가거나 전화를 해서 "이거 어떠세요?"라고 물었을 때 흔쾌히 "좋네요"라고 답할 사람은 없다. 이들이 취하는 방식이 그래서 '추천을 통한 영업'이다.

	영국 국세청	미국 화석의 숲
목표	납세율을 높여야 함.	화석 반출로 숲이 훼손되는 것을 막아야 함.
안내 문구	영국인 90퍼센트가 이미 세금을 납부했습니다.	많은 사람이 석화된 나무를 가져가서 숲이 훼손되고 있습니다. 화석을 가져가지 마십시오.
결과	전년도 연체된 세금 56억 파운드를 추가로 확보함.	화석 도난율이 3퍼센트에서 7.9퍼센트로 오히려 늘어남.

유명 보험설계사, 잘 나가는 자동차 판매왕 모두 마찬가지다. 이들이 가장 중요시 하는 건 기존고객 관리다. 소위 '잡은 고기'에 더 신경을 쓰는 것. 그 안에서의 자연스러운 추천과 확산을 유도하는 게 이들이 영업하는 방식이다. 그래서 설득에 성공하려면 어떤 집단을 활용할 것인가 찾아봐야 한다.

미납 세금 때문에 고민이 많던 영국 국세청이 납세율을 높이기 위해 세금 고지서에 다음 한 줄을 추가했다.

"영국인의 90퍼센트가 이미 세금을 납부했습니다."

이 문장 덕분에 전년도에 비해 연체된 세금 56억 파운드, 우리 돈으로 9조 3000억 원 가량을 추가로 확보할 수 있었다. 대부분 미납자 10퍼센트에 끼는 것보다는 세금을 낸 90퍼센트에 들어가는 게 훨씬 안정적이라 느끼기 때문이다. 이처럼 사람은 '집단'에 약하다.

하지만 집단을 활용할 때 조심해야 할 게 있다. 내가 '원하는 방향'의 집단을 활용해야 한다는 점이다. 사례로 풀어보자. 미국에

'화석의 숲'이라는 공원이 있다. 공원 관리자는 사람들이 자꾸 석화된 나무를 가져가는 것 때문에 골치가 아팠다. 이를 막기 위해 이런 경고문을 걸었다.

**많은 사람이 석화된 나무를 가져가서
숲이 훼손되고 있습니다.
화석을 가져가지 마십시오.**

이후 어떤 일이 생겼을까? 과거 3퍼센트 정도였던 화석 도난율이 7.9퍼센트까지 늘어났다. 가져갈 생각이 없었던 사람들도 '어? 가지고 가도 되는 거였어?'라는 집단심리가 생기며 은근슬쩍 집어가는 일이 생긴 것이다. 길거리에 '쓰레기 버리지 마시오'와 같은 경고문이 별다른 효과를 발휘하지 못하는, 오히려 그 앞에서 쓰레기가 더 쌓이는 역효과가 생기는 것도 같은 맥락이다.

설득 과정에서 집단을 활용하는 건 상대의 자연스런 선택을 유도하는 좋은 방법이다. 특히 그 집단이 내가 설득하고자 하는 상대와 유사할수록 힘은 더 커진다. 내가 움직이고 싶은 상대와 유사한 속성을 지닌 집단이 무엇인지 찾아보자.

Essential tip

설득은 어렵다. 그래서 나 혼자 힘으로 상대를 움직이려는 생각을 버리자. 누군가의 세련된 도움을 받는 지름길을 찾아보자. 나보다 상대에게 더 신뢰를 주는 사람 혹은 자료는 없을지 그 권위에 기대는 것, 나보다 상대방과 더 친밀감을 가진 사람은 없을지 집단을 찾아보는 것, 두 가지 방법만으로도 설득이 크게 쉬워질 수 있다.

VUCA 시대,
애자일하게 일하기

답을 모르는 미로를 통과해야 한다. 이때 눈에 보이지 않는 길을 가능한 빠른 시간 안에 통과하기 위해 가장 중요한 것은 뭘까? 답은 '빨리 실패하기'다. 오른쪽으로 갈까 왼쪽으로 갈까를 정해야 하는 상황에 '1초 고민'을 하는 것과 '1분 고민'을 하는 것 사이에 아무런 차이도 없다. 갈림길에서 신중한 분석을 통해 '더 나은 길'을 찾아 갈 수 있다면 고민의 시간이 의미 있지만, 이야기했듯 정답은 모른다. 분석적 사고가 의미 없는 환경이므로, 한시라도 빨리 실패해서 '오른쪽이 아니라 왼쪽', '앞이 아닌 옆'으로 가야 한다는 걸 발견하는 게 미로를 통과하는 지름길이란 뜻이다.

이제 우리의 비즈니스 환경을 보자. 몇 년 전부터 "VUCA 시대"라는 말이 유행처럼 돌았다. 변동적이고Volatility, 불확실하며Uncertainty, 복잡성이 높고Complexity, 모호한Ambiguity 시대라는 뜻이다.

빠른 기술 혁명 때문에 사회가 어떻게 바뀔지 예측이 어렵고, 고객의 니즈 역시 시시각각 변하는 지금의 경영환경을 설명하는 용어다. 이런 시대에 치밀한 분석과 기획이 얼마나 쓸모가 있을까?

조직은 오랜 시간을 써서 트렌드를 분석하고, 많은 사람을 대상으로 시장조사를 한다. 그래서 A로 신사업의 방향을 정했다. 그런데 안타깝게도, 분석과 조사 기간 동안 시장의 환경은 변한다. 이것이 VUCA 시대의 특징이다. 그래서 필요한 게, 서두에 언급했던 것처럼 '빠른 실패'다. 고민하느라 시간을 쓰기보다 '일단 해보는' 게 중요하다.

이를 다른 말로 '애자일Agile 경영'이라 한다. 애자일의 핵심은 작게 실행하고, 결과가 좋든 나쁘든 빨리 피드백을 받고, 이를 기반으로 더 나은 재실행을 하는 것이다. 철저한 기획과 전략을 세우느라 시작을 늦출 게 아니라 일단 해보는 것이 중요하다는 철학이다.

그럼 궁금해진다. 이렇게 일하는 조직이 되기 위해 필요한 건 뭘까? 애자일이 이야기하는 대표적인 방법론 두 가지를 살펴보며 그 힌트를 찾아보자.

스크럼

애자일하게 일하는 조직이 수행하는 방법 중 하나가 '스크럼Scrum' 이다. 쉽게 말하면, 우선적으로 해야 할 일을 찾아서 정해진 업무

수행 기간 동안 서로 협력해 문제를 풀어가는 과정이다. 스크럼에서 강조하는 첫 번째는 프로젝트 멤버들 간의 소통이다. 대표적인 세션이 '스크럼 미팅'이라 불리는 매일의 업무 공유 미팅이다. 이렇게만 말하면 많은 리더들이 반문한다. "우리도 매일 각자 업무를 보고하는 미팅을 합니다"라고. 하지만 기존 회의와 스크럼 미팅의 가장 큰 차이는 '방향'이다. 즉 기존의 회의는 구성원 각자가 리더, 일반적으로 팀장에게 각자의 현황을 보고하는 시간이다. 지시 사항이 잘 운영되고 있는지를 관리자가 점검하는 '한 방향'이라는 뜻이다. 하지만 스크럼 미팅은 리더 한 사람을 향한 것이 아닌, 구성원 서로가 서로에게 이야기를 하는 '양방향'이다. 어제까지 내가 하기로 했던 일의 진척도가 어떤지, 업무 진행에서 어려운 상황은 무엇인지, 어떤 부분에서 지원이 좀 더 필요한지 등을 서로 이야기하는 시간이다. 그리고 리더 역시 구성원의 한 명으로 참여해 고민을 말하고 아이디어를 나눈다. 리더는 판단하고 평가만 내리는 게 아닌, 조직원의 일원으로서 정보를 공유하고 결정이 필요할 때 교통정리를 해주는 사람이다. 이게 과거 일반적 조직의 리더, 그리고 일일 회의와 다른 점이다.

중요한 두 번째는 기간이다. 이들은 하나의 프로젝트를 진행하는 데 명확한 마감기한을 갖고 있다. 통상 2주다. 길어도 1달을 넘기지 않는다는 게 애자일 조직의 특징이다. 이유는 명확하다. 그 사이 상황이 어떻게 바뀔지 모르기 때문이다. 그래서 제한된 시간을 두고 그 안에 무엇이든 만들어 내도록 독려한다. '너무 가혹한 것 아닌가?'란 생각이 들겠지만, 이들은 거창한 것, 완벽한 것을 바라지 않는다. '최소 요건 제품MVP(Minimum Viable Product)'이면 충분하다는 게 이들의 철학이다. 처음부터 모든 캐릭터가 완벽한 게임을 만들길 바라지 않는다. 복잡한 모든 기능이 담긴 제품을 바라지도 않는다. 제한된 시간 안에 최선을 다하면 만들어 낼 수 있는 정도의 타겟을 정하고 '최소한 이것까지는 만들자'는 목표를 갖고 일을 추진해 나간다.

마지막 세 번째는 소통이다. 앞서 말한 키워드와 같은데, 대상이 다르다. 첫 번째 소통이 '과정'에서의 아이디어 나눔이었다면, 여기서의 소통은 '결과물'에 대한 복기다. 2주의 프로젝트 기간 동안 어떤 점이 부족했는지, 다음에는 어디에 좀 더 집중해야 할지 등을 허심탄회하게 말해보는 시간이다. 주의할 점은 누구의 잘잘못을 따지는 자리가 되어선 안 된다는 점이다. 사람이 아닌 일이 대상이 되어야 한다. 그리고 이 과정에서 발견한 개선 아이디어를 그다음 세션에 적용시켜, 프로젝트의 효율성을 조금씩 더 올리는 역할을 하게 된다.

칸반

애자일하게 일하는 조직이 활용하는 또 다른 방법론은 '칸반Kan-ban'이라는 시각화를 통한 업무 관리다. 무슨 일을 해야 하는지, 현재 진행 상황은 어떤지 등을 도식화해서 공유하는 방식이다. 이해를 돕기 위해 좀 더 익숙한 비즈니스 용어로 설명하자면, 비주얼 플래닝visual planning이다. 업무가 시각화되면 불필요한 미팅이 줄어든다. 일이 어떻게 진행되고 있는지 개개인에게 물을 필요 없이 표로 보이기 때문이다. 그리고 업무 과정에서의 '병목'이 어딘지도 쉽게 파악된다. 여기까지 이야기하면 궁금해진다. '비주얼 플래닝은 예전에 유행하던 업무 방식인데, 그게 요즘 세상에서 애자일하게 일하는 것과 어떤 차이가 있지?'라고 말이다.

칸반의 핵심은 일을 보이게 하는 것과 동시에 '일을 제한한다'는 철학이다. 쉬운 예로 설명해보자. 어느 해 5월 중국 노동절 연휴, 화제가 된 영상이 있다. 만리장성을 빽빽하게 채운 관광객들, 태산, 상하이 등 유명 관광지 앞에 물밀듯이 밀려드는 사람들 모습이다. 또 다른 상황. 일본 오사카의 벚꽃 공원에는 입장객에게 동그란 코인을 나눠준다. 그래서 그 코인이 떨어지면 더 이상 입장객을 받지 않는다. 한 사람이 공원을 나가며 코인을 반납해야 다른 사람이 들어올 수 있다. 예상하다시피, 제한된 공간에 너무 많은 사람이 몰리면 누구도 구경을 못하는 상황이 생기기 때문이다. 칸반의 철학은 바로 오사카 벚꽃 공원의 운영 방식이다. '할 수 있는 만큼'을 최선을 다해 하는 게 효율을 높인다는 믿음이다. 이게 과거 우리가 해왔던 비주얼 플래닝과의 차이다.

예전에는 '일단 해야 한다'는 생각으로 일을 했다. 밀려드는 일을 열심히 하는 게 성과를 낸다고 믿었다. 물론 이 덕분에 성장해왔고 성과도 올릴 수 있었다. 하지만 그로 인해 번아웃이 되기도, 불량이 생기기도 했다. 휴식이 아닌 고문이 되어버린 중국 노동절 연휴처럼 말이다. 그래서 애자일 조직에서는 할 수 있는 능력치 안에서 우선순위를 정해 제대로 된 결과물을 만들어 내는 것을 중요시한다. 진행 가능한 업무량을 통제해 집중할 수 있는 문화를 만들어 주는 게 그 핵심이다.

Essential tip

세상은 너무 빠르게 바뀐다. 게다가 일하는 시간은 줄어들고 있다. 그럼 일을 대하는 우리의 철학도 바뀌어야 하지 않을까? 예측이 가능하고 누구나 인정하는 명확한 목표점이 있으면, 우사인 볼트처럼 100미터를 총알같이 달려 나가면 됐다. 하지만 이젠 곳곳에 허들이 있다. 얼마쯤 달리고 나면 갑자기 물웅덩이도 나온다. 더 심각한 건 예상치 못한 곳에서 90도 방향이 확 틀어지는 트랙이 나온다. 여기서 필요한 건 우사인 볼트의 스피드가 아니다. 상황에 대한 빠른 대응력이 중요하다. 이것이 애자일하게 일하는 방식을 고민하고 실천해봐야 하는 이유다.

'성과 내는 목표 설정'을 위한 세 가지

학창시절, 방학이 되면 항상 그리던 게 있다. 바로 '생활계획표'다. 하지만 방학이 끝날 땐 그게 어디로 갔는지 찾아 헤매는 게 대부분이었다. 안타깝게도 이런 건 성인이 되어서도 비슷하다. 연초가 되면 "올해는 꼭!"이라는 다짐을 하며 몇 가지 버킷리스트를 만든다. 다이어트, 운동, 금연 등등. 하지만 대부분 자신과의 싸움에서 지고 만다. 조직은 어떨까? 부서별 전략을 세우고 목표를 잡는다. 구성원도 마찬가지로 이를 위한 실행 목표를 정한다. 그런데 열심히 1년을 달려 연말이 됐을 때 만족스러운 성적표를 받는 게 쉽진 않다. 매번 목표는 세우지만 끝은 아쉬운 상황. 조직에서 이를 개선하려면 뭐가 필요할까? 어쩌면 시작이 잘못된 건 아닐까? 만족스러운 마무리를 위해 목표가 갖춰야 할 세 가지 요소를 짚어보자.

목표하는 방향성 맞추기

신년 계획으로 빠지지 않고 등장하는 운동하기. 이게 꾸준히 이어지지 않는 이유가 뭘까? '투비to be' 이미지가 없어서다. 운동을 통해 얻어질 미래의 모습이 구체적이어야 소위 운동할 맛이 난다. 이 때문일까, 요즘은 바디프로필 촬영 일정을 먼저 잡아놓고 운동을 하는 사람이 많아졌다. 명확한 투비 이미지의 힘이다.

가끔 이런 하소연을 들을 때가 있다.

"목표를 잡은 대로 정말 열심히 했고 다 달성했는데도 좋은 평가를 못 받습니다."

조직도 마찬가지다. 부서 혹은 구성원이 전체 조직과 다른 투비를 가져서다. 제대로 된 목표를 세우는 건 조직 전체와의 방향성을 맞추는 것에서 시작된다.

예를 들어보자. 조직 차원에서 '새로운 사업 영역'으로의 진출을 중요하게 생각하는데, 어떤 현업 부서가 '기존 사업 매출 확대'를 위해 에너지를 다 쏟았다면? 비록 해당 목표 매출을 초과달성 했더라도 좋은 평가를 받긴 힘들다.

성과를 내려면, 가야 할 곳이 어디인지를 명확히 아는 것부터가 시작이다. 그럼 어떻게 해야 할까? 물어야 한다. 굳이 이런 당연한 말을 하는 이유는 많은 조직에서 목표를 세울 때 '질문'을 생략할 때가 많아서다. '작년에 그랬으니까' 과거와 비슷한 목표를 잡거나, '이게 중요하니까'라고 스스로 예측하고 판단한 내용을 토대로 목표를 잡는 모습을 너무 많이 봤다. 목표를 잡기 전 조직 전체 차원에서 중요시하는 과제는 무엇인지, 전략 방향이 공격적 성장인지 유지를 위한 방어인지, 조직문화를 변화시키려는지 안정을 추구하는지 등 물어보자.

세상은 우리가 예상하는 것보다 훨씬 빠르게 변한다. 어제 옳았던 것이 오늘도 맞다는 보장은 누구도 할 수 없다. 이런 세상에 적응하기 위해 조직은 항상 바뀐다. 그러니 목표를 세울 때도 혹시 지난 번과 달라진 것은 무엇인지, 그리고 이를 위해 고민해야 할 방향은 무엇인지를 물어보자.

핵심과제 정하기

'바디프로필'이라는 목표를 정하고 나면 뭘 해야 할까? 헬스장 등록? 식단조절? 아니면, 사진 잘 찍는 스튜디오 섭외를 1순위로 생각할 수도 있다. 이렇게 할 일을 전부 나열하다 보면 "뭐 이렇게 할 게 많지?"라는 불평이 생기며 지친다. 그래서 방향성을 정했다면 다음 할 일은 '핵심과제를 정하는 것'이다. 볼링에서 스트라이크를 치려면 꼭 넘겨야 하는 킹핀이 있는 것처럼, 원하는 결과를 얻어내기 위한 핵심 요인을 찾고 거기에 집중하라는 뜻이다.

개인의 목표 달성을 위해서도 할 일이 많은데 조직은 이런 문제가 훨씬 더 크다. 해야 할 일의 범위가 넓어서이기도 하고, 일을 여러 사람과 함께 해야 하기 때문이다. 많은 일을 다양한 생각을 가진 사람의 힘을 모아야 하므로 중요한 것이 무엇인지 명확히 하는 게 중요하다.

영업 조직을 예로 생각해보자. 전체 조직과의 투비를 '신규 상품 매출 향상'으로 정했다. 이때 먼저 할 일은? 기존 고객 대상의 세일 즈가 중요할 수도 있고, 신규 고객 발굴이 필요할 수도 있다. 무작정 고객을 만나기 전에 신규 상품의 어필 포인트를 잡는 게 우선이라 볼 수도 있고, 내부 조직을 개편해 효과적인 대응 시스템을 만들자는 생각이 들 수도 있다. 맞고 틀린 건 없다. 내부 자원에 따라, 외부 환경에 따라 핵심이 무엇일지 정하는 과정이 필요하다. 그래야 각자가 가진 힘을 한 방향으로 쓸 수 있다.

과정이 보이게 하기

운동은 바쁘니 좀 미뤄두고 일단 '식단조절'에 집중하자는 목표를 세운다. 그런데 이게 참 쉽지 않다. 나의 의지 문제가 아니다. "세 살 버릇 여든까지 간다"고 선조들도 말씀하셨다. 그래서 하루 이틀 고단백 저지방 식단을 잘 챙겨 먹다가 라면 한 번, 야식 한 번… 이렇게 무너져 버린다. 이를 줄이려면 어떻게 해야 할까? 내 눈에 보여야 한다. 내가 지금 어디까지 와 있는지, 얼마나 잘 지키고 있는지를 쉽게 확인할 수 있어야 한다는 의미다.

그래서 많은 영업 조직에서 실적표를 붙여두고 관리한다. 여기서 말하는 '보이게 하기'는 이것과는 조금 다르다. '결과'에 대한 달성도를 관리했을 때 알 수 있는 건 등수뿐이다. 진짜 보여줘야 하는 건 '과정'이다. 신규 고객 발굴을 위해 어떤 행동을 하고 있는지, 신규 상품의 어필 포인트로 어떤 것을 만들었는지 등 나 스스로 노력해 결과물을 만들어 낼 수 있는 것을 드러내야 한다는 의미다. 실적은 이를 통해 만들어지는 결과물일 뿐이다. 결과물 관리는 압박, 그 이상도 그 이하도 아니다. 진짜 관리하고 드러내야 하는 것은 '과정'임을 기억하자.

Essential tip

이런 질문이 떠오를 것이다. '결국 조직은 결과 달성도로 평가받는 것 아닌가?' 맞다. 그래서 다시 앞으로 돌아가서, '제대로 된 목표'를 세우는 게 중요하다. 전체 조직이 원하는 것을 파악하고 이를 위해 가장 핵심이 되는 걸 찾아야 한다. 그리고 그 과정을 잘 관리한다면, 좋은 결과는 자연스럽게 따라오지 않을까? 매년 반복되는 목표 설정이 의례적인 '행사'가 될지, 부담스럽기는 하지만 기대되는 '지향점'이 될지는 각자의 선택이다.

일을 하는 것만큼 중요한, '안 해도 될 일' 없애기

"판교의 오징어 배"라는 말이 있었다. 게임, IT 업계가 몰려있는 판교 회사들의 불이 24시간 꺼지지 않는 걸 빗대어 생겨난 표현이다. 그러나 더 이상 그곳에서 오징어 배를 볼 수 없게 됐다. 판교뿐 아니라 서울의 야경도 바뀌고 있다. 알다시피 '주 52시간 근무제' 덕분이다. 처음 정부에서 52시간제를 제안했을 때 대부분이 생각했다. 근무시간 단축이 말이 쉽지 잘 안 될 거라고. 하지만 우려와 달리 기업은 나름의 방식으로 문제를 풀어가는 중이다. 선택적 근로시간제나 탄력근무제를 도입하기도 하고, PC Off 제도로 정시퇴근을 독려한다. 그 영향으로 직장인의 삶에도 저녁이 생기고 있다.

하지만 마음 놓고 저녁을 즐기기에는 아직 불안하다. 일하는 시간이 줄어들었다고 조직에서 원하는 성과까지 줄어들진 않았기 때문이다. 결국 이런 환경에서 조직에 필요한 것은 정말 중요한 일에 집중해 성과를 내는 것이다. 다시 말해 업무에서의 군살빼기, 워크 다이어트work diet가 필요하다. 핵심은 업무 과정에서 이뤄지는 '안 해도 될 일'을 찾아 없애는 것이다.

여기까지 말하면 많은 사람이 반문한다. 지금까지 다 필요해서 해왔던 일인데 안 해도 될 일이 뭐가 있냐고 말이다. 그래서 '상대적' 개념으로 필요한 업무가 무엇인지 판단해야 한다. 즉 그저 하면 좋은 일들, 하지만 본질적인 게 아닌 일들을 줄여보자는 것이다. 비본질적인 일에 시간을 쓰느라 정작 성과에 연결되고 핵심이 되는 업무에 쓰는 시간을 놓칠 때가 많다는 것을 인식해야 한다.

우리가 안 해도 될 일에 쏟은 시간

그렇다면 조직에서의 '그저 하면 좋은 일'은 어떤 일일까? 대표적인 게 의전이다. 많은 사람이 의전은 '그건 대통령이나 CEO, 임원들이나 받는 거 아닌가?'라고 생각할 수 있다. 하지만 그것 역시 상대적이다. 우리가 생각지 않게 의전에 매달리고 있는 대표적인 것이 이메일이다. 이메일을 쓰기 위해 창을 열면 직원들, 특히 직급이 낮은 직원일수록 고민이 깊어진다. 어떤 인사말로 메일을 시작해야 겸손해 보일지 고민하기 때문이다. 고심 끝에 어떤 메일에는 날씨와 관련된 인사를, 또 다른 메일에는 과거 추억을 언급하며 시작한다. 그리고 어렵게 본문을 쓴 뒤에 또 다시 고민이 시작된다. 어떤 끝인사가 건방지다는 인상을 주지 않을까?

과도한 추측 아니냐고? 한번 우리가 주고 받는 메일을 들여다보자. '안녕하세요, 갑자기 추워진 날씨에' 등으로 시작하는 메일이 하나도 없는지, 또는 '항상 지켜봐주셔서 감사합니다' 같은 마무리 인사말이 없는 메일이 있는지. 그런데 '사실 이런 게 뭐가 문제야?' 라고 생각할 수도 있다. 물론 잘못된 것은 아니다. 하지만 조사에 의하면 그런 이메일 한 개를 읽을 때마다 평균 12초가 걸린다고 한다. 문제는 이런 게 한두 개가 아니라는 것이다. 수십 개를 읽느라 안 써도 될 시간을 낭비한다. 쓰는 사람 입장에선 더 심각하다. 앞 뒤에 인사말을 쓰느라 평균 3분 이상 걸린다니 말이다. 물론 이런 의전으로 받는 사람이 '대접 받는다'는 느낌을 가질 수 있다. 하지만 그것이 진짜 우리 업무의 본질인지를 생각해야 한다. 그래서 리더의 결단이 필요하다. '앞으로 우리 조직의 이메일에는 불필요한 인사말을 쓰지 말고, 개조식으로 용건만 보낸다' 같은 선언이 중요하다. 그래야 아무도 '용건만 쓰는 버릇 없는 직원'이 되지 않는다.

일하는 방식에 대한 정리와 함께 각자가 하는 업무 중에서도 불필요한 건 없는지 찾아봐야 한다. 예를 들어보자. 한 부서 막내 직원은 주간 회의가 끝나면 항상 하는 일이 있다. 정리된 회의록을 인쇄해 파일함에 보관하는 것이다. 이 회사에 입사하자마자 받은 첫 업무라 애착도 있다. 그런데 어느 날, 해당 팀장이 묻는다. "우리 사무실 책장에 꽂혀있는 회의록 파일들은 무슨 용도인가요?" 잠깐의 침묵 후 4년차 대리가 답한다. "예전에 계시던 본부장님이 팀에 어떤 이슈가 있는지 궁금하다고, 회의하고 나면 내용 정리해서 가져다 달라고 하셔서 모으기 시작했고요…." 회의록 파일 탄생 비화를 듣는 팀장과 팀원들은 설명을 듣고 점점 머쓱해진다. 그 일을 시킨 '예전 본부장님'은 3년 전 다른 부서로 갔기 때문이다.

결국 부서의 막내 직원은 누구에게도 필요치 않는 일을 '과거부터 해왔기 때문에' 계속했던 거다. 그러다 보니 (비록 얼마 안 되는 금액이라도) 불필요한 인쇄 비용이 계속 나가고 있었고, 이를 보관하기 위해 사무실 한 켠에 누구도 찾지 않는 회의록만 쌓였다. 더 중요한 건 막내 직원이 안 해도 될 일을 하느라 낭비한 시간이다.

카노모델을 활용한 업무 분석

이런 일이 많지 않을 수 있다. 하지만 각자의 일에 이런 낭비 요소가 하나도 없다고 자신 있게 말할 수 있을까? 우리는 각자의 업무를 다시 들여다봐야 한다. 제한된 근무 시간에 더 나은 성과를 내야만 하는 게 지금의 근무 환경이니 말이다.

그래서 지금 내 업무가 진짜 필요한지 점검이 필요하다. 우선 카노모델KANO model을 활용한 분석이다. 애초에 이 모델은 제조사가 신상품을 기획할 때 '해당 제품이 만들어지는 게 소비자에게 정말 가치 있는가?'를 판단하기 위해 만들어졌다. 이를 내 업무 분석

업무 목록	업무 수혜자 (내/외부 고객)	업무수혜자(내/외부 고객) 입장에서						유형
		이 업무가 계속된다면?			이 업무가 없어진다면?			
		만족	영향 없음	불만족	만족	영향 없음	불만족	

카노모델 활용 예1

에 적용해 '고객 가치'를 중심으로 다시 검토해보자는 것이다.

첫 번째 방법(활용 예1)은 이렇다. 먼저 수행하는 업무 목록을 쭉 적는다. 최대한 상세하게, 단위업무까지 쓰는 게 중요하다. 그리고 그 일을 고객, 즉 해당 업무를 통해 가치를 얻는 업무 수혜자의 입장에서 분석해본다. 이 일을 계속했을 때 상대가 만족하는지, 별 영향이 없는지, 오히려 불만족을 느끼는지 정리해본다. 그리고 반대로, 이 일을 하지 않았을 때 오히려 상대가 좋아하진 않을지, 하지 않아도 별 영향이 없을지, 안 해주면 싫어할지를 고민해본다. 이 과정을 거치면 내가 하는 일이 다섯 개의 카테고리(활용 예2)로 정리된다.

그리고 놀랍게도 '이 일을 하면 할수록 상대가 싫어하는' 일이 발견된다. 이를 '역효과 업무'라고 한다. 나는 시간을 써서 그 일을 하고 있지만 상대는 별로 고마워하지 않는 일도 있다. 이는 '무관심

이 업무가 계속된다면?			이 업무가 없어진다면?			
좋다	당연하다	마음에 안든다	좋다	상관 없다	마음에 안든다	
v			v			오류
		v			v	오류
	v		v			
		v	v			역효과 업무 할수록 싫어하는 업무
		v				
	v			v		무관심 업무 해도 그만, 안 해도 그만인 업무
	v				v	필수 업무 반드시 해야 하는 업무
v					v	만족 업무 잘 할수록 좋아하는, 안 하면 싫어하는 업무
v				v		감동 업무 고객이 예상하지 못했던 기대 이상의 업무

카노모델 활용 예2

업무'라고 한다. 다이어트는 여기서 해야 된다. 역효과 업무와 무관심 업무를 의도적으로 하지 않는 것 그리고 이를 통해 확보된 시간에 반드시 해야 하는 '필수 업무'나 잘할수록 상대가 좋아하는 '만족 업무'에 더 많은 시간을 써야 한다. 또는 시간이 없어서 제대로 하지 못했던 '감동 업무'를 찾아 더 열심히 생산성을 높이면 된다.

Essential tip

워크다이어트는 물론 어렵다. 하지만 우리는 건강해지기 위해 정말 좋아하는 음식도 참아가면서 다이어트를 한다. 피곤한 몸을 이끌고 헬스장에 가서 러닝머신 위를 달리기도 한다. 업무 다이어트도 마찬가지다. 쉽지 않겠지만 내 일의 군살을 의도적으로 파악해서 빼야 한다. 그리고 더 나은 성과를 위해 새로운 일을 만들어야 한다. 그것이 제한된 시간 안에서 생산성을 높이는 방법이다.

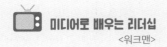

일잘러는
역량과 관점이 남다르다

술집, 노래방, 영화관 등 주변에서 쉽게 접하는 아르바이트부터 놀이공원, 워터파
크, 드라마 보조출현 등 들어는 봤지만 제대로 몰라 궁금했던 일까지, 다양한 일을
체험해보는 컨셉의 유튜브 채널 〈워크맨〉. 직업에는 귀천이 없다는 익숙한 문구를
떠올리지 않더라도, 이 프로그램을 보고 있으면 세상에 쉬운 일 없고 모든 일이 가치
가 있다는 걸 새삼 깨닫게 된다. 그러다 '스포츠 의류 디자이너' 편에서 많은 워크맨,
즉 직장인들이 더 나은 성과를 올리기 위해 기억해야 할 두 가지를 발견했다.

업무 전문성 향상을 위한 역량 키우기

워크맨 장성규에게 떨어진 첫 업무는 디자인을 위한 소재를 선택하는 것이다. 후
보로 올라온 세 개의 원단 샘플 중 하나를 골라야 하는 미션. 샘플을 본 그가 묻는
다. "이 세 개가 다른 거에요?" 그와 카메라 감독이 보기에는 똑같은 것들이 두께
감도 촉감도 모두 다르다고 디자이너는 말한다. 다음 업무, 소재에 색감이 제대로

입혀졌나를 보는 일도 마찬가지다. 이 일을 하기 전 다시 한 번 같은 질문을 던진다. "이게 차이가 있다고요?" 당연하다는 듯 "다 달라요. 하나는 살짝 노란 빛이 돌고 다른 하나는 빨간 빛…"이라 말하는 디자이너 앞에서 장성규는 할 말을 잃는다. 그런 그에게 던지는 한마디. "그래서 디자이너라는 직업이 존재하는 것 같습니다."

여기서 일을 잘하기 위해 필요한 첫 번째 요소인 '업무 전문성을 갖기 위한 역량'을 볼 수 있다. 역량이라고 하면 막연하게 생각하는 경우가 많은데, 비즈니스적 정의로는 심플하다. 바로 KSA다. Knowledge는 학습을 통해 습득되는 특정 분야에 대한 지식이나 정보다. 예컨대 영업 사원이라면 판매하는 상품에 대한 지식이 K에 속한다. Skill은 훈련을 통해서 습득되는 업무 수행 능력을 말한다. 엑셀이나 파워포인트 등을 다루는 능력이 여기에 속한다. 꾸준한 반복 연습으로 그 수준을 높일 수 있다. Attitude는 업무 진행 시 나타나는 행동이다. '영업할 때 저돌적으로 나선다', '자료 수집 시 꼼꼼함을 보인다' 등의 업무 태도가 A의 영역이다.

중요한 건 이 세 가지의 관계다. 셋 중 하나라도 부족하면 좋은 성과를 내기 힘들다. 자전거가 움직이는 원리와 타는 방법(Knowledge)은 알아도 연습(Skill) 하지 않으면 계속 넘어진다. 그리고 몇 번 넘어졌다고 금새 포기(Attitude)해 버리면 자전거 타기는 영원한 숙제가 되어 버린다. 반대로, 수백 번 넘어져도 다시 일어나려는 노력 (Skill과 Attitude)이 있어도 자전거 페달을 밟는 방법(Knowledge)을 모른 채 연습만 하면 바퀴는 계속 헛돈다. 결국 KSA는 덧셈의 관계가 아닌, 어느 것 하나라도 0이면 모두 0이 되어 버리는 곱셈의 관계인 셈이다. 앞서 설명한 디자이너는 일반인이 갖지 못한 스킬(S)을 갖고 있다. 그것은 꾸준한 노력(A)을 통해 만들어졌을 것이고, 원단의 특성에 따라 색이 발현되는 원리(K)를 알고 있는 것도 도움이 됐을 것이다.

그럼 내가 전문성을 갖기 위해 필요한 역량이 무엇인지 어떻게 알 수 있을까? 뭐든 열심히만 한다고 역량이 커지고 전문성이 높아지는 건 아니다. 국내 영업을 하는 직원이 '영어 회화'를 잘하겠다고 새벽마다 학원을 다닌다고 업무 역량이 높아지는 건 아니니까. 자기계발과 역량 향상을 통한 전문성 높이기는 다르다. 조직에서 필요한 역량이란 더 나은 성과 달성을 위해 직속 상사가 나의 역할에 대해 기대하는 KSA다. 그래서 조직 리더와의 한 방향 정렬이 중요하다. 상사의 비위를 맞춰야 편하니까, 혹은 리더의 눈치를 보라는 게 아니다. 직장이라는 조직에 속해 있어서다. 친목을 위한 동아리가 아닌 달성해야 할 목적을 갖고 있는 게 조직이다. 조직의 목적 달성을 위해 구성원으로 어떤 역량을 키워야 할까를 고민하는 게 중요하다.

업무 성과를 높이기 위한 관점의 전환

디자인 체험이 끝난 장성규에게 주어진 또 다른 임무는 시제품 테스트다. 출시되기 전의 운동복을 직접 입고 운동을 하면서 개선점을 찾아보는 것이다. 이 업무를 받은 장성규는 또 한 번 놀란다. "디자이너가 직접 밖에서 달리기를 하는 게 진짜 업무 중에 하나냐"며. 그들이 그렇게까지 하는 이유는 직접 뛸 때의 느낌이 어떤지, 땀 났을 때 흡수도는 어떤지 등을 직접 경험해봐야 문제를 개선해 더 나은 제품을 만들 수 있기 때문이다. 영하의 날씨에 실제 러닝 체험을 나선 장성규는 "땀 흡수는 물 뿌려보면 되는 거 아닌가?"라며 투덜대다가 "테스트 하는 게 21세기 같지 않네요"라는 말을 내뱉는다.

어찌 보면 장성규의 말이 그럴 듯해 보인다. 춥거나 더울 때 굳이 외부로 나가서 달릴 필요가 있을까. 러닝머신을 이용하면 될 텐데. 땀 흡수도나 탄성에 대한 테스트를 꼭 사람이 해야 할까, 첨단장비가 얼마나 발전했는데. 하지만 이들이 업무 시간에 '밖'을 달리는 게 중요한 이유는 이때야 말로 개발자, 디자이너가 아닌 사용자, 고객이 될 수 있기 때문이다.

영업이건 마케팅이건 개발이건, 항상 같은 말을 한다. "고객이 되어보라"고. 이 말을 오해한 사람은 고객을 '위해서' 뭘 해야 할까를 고민한다. 하지만 고객을 위하는 자세로는 진짜 고객이 원하는 걸 알 수 없다. 위한다는 것에는 내 경험과 사고방식이 깔려있기 때문이다. 그래서 고객의 '입장'이 되어봐야 한다. 날씨가 춥든 덥든, 일주일에 두 번 정도는 실제로 운동복을 입고 웨어링 테스트를 하는 디자이너들처럼 말이다.

그럼 정확히 무엇을 어떻게 해야 할까? 의도적인 생각의 확장이다. 이를 돕는 '만다라트'라는 툴이 있다. 시속 160킬로미터의 강속구를 던지는 투수면서도 타석에서 홈런도 치는, 그래서 엄청난 스포트라이트를 받고 메이저리그로 진출한 오타니 쇼헤이가 활용해 유명세를 탄 아이디어 발산법이다. 방법은 간단

"Have you been putting yourself in other peoples' shoes?!"

"다른 사람 입장이 되어본 적 있나요?"

하다. 한가운데에 나의 고민을 적는다. 예를 들어 새로운 디자인의 옷을 만들어야 한다고 가정해보자. 그럼 그 옷이 인기를 끌기 위해 고려해야 할 요소 여덟 가지를 주변에 적는다. 가격, 원단, 색상,

몸 관리	영양제 먹기	FSQ 90kg	인스텝 개선	몸통 강화	축 흔들지 않기	각도 만들기	공을 위에서부터 던지기	손목 강화
유연성	몸 만들기	RSQ 130kg	릴리즈 포인트 안정	제구	불안정 없애기	힘 모으기	구위	하반신 주도
스테미너	가동력	식사 저녁 7숟갈 아침 3숟갈	하체 강화	몸 열지 않기	멘탈 컨트롤	볼을 앞에서 릴리즈	회전수 증가	가동력
뚜렷한 목표·목적	일희일비 하지 않기	머리는 차고 심장은 뜨겁게	몸 만들기	제구	구위	축 돌리기	하체 강화	체중 증가
핀치에 강하게	멘탈	분위기에 휩쓸리지 않기	멘탈	8구단 드래프트 1순위	스피드 160km/h	몸통 강화	스피드 160km/h	어깨 주변 강화
마음의 파도 만들기	승리에 대한 집념	동료를 배려하는 마음	인간성	운	변화구	가동력	라이너 캐치볼	피칭 늘리기
감성	사랑받는 사람	계획성	인사하기	쓰레기 줍기	부실 청소	카운트볼 늘리기	포크볼 완성	슬라이더 구위
배려	인간성	감사	물건 소중히 쓰기	운	심판을 대하는 태도	뒤에 낙차 있는 커브	변화구	좌타자 결정구
예의	신뢰받는 사람	지속력	긍정적 사고	응원받는 사람	책 읽기	직구 자세로 던지기	스트라이크 던질 때 제구	거리 상상하기

오타니 쇼헤이의 만다라트 계획표

디자인 등. 그다음에는 각 요소의 경쟁력을 높이기 위해 갖춰야 할 것을 또 여덟 가지 적어본다. 이렇게 '새로운 옷'을 잘 만들기 위해 갖춰야 할 요소들을 채우다 보면 현재 우리 제품이 놓치는 게 뭔지, 고객이 진짜 원하는 게 무엇인지 찾아낼 수 있다. 다시 강조하지만, 중요한 건 내 입장이 아닌 '고객의 입장'이 되어보는 것이다.

Essential tip

디자이너 체험을 마친 장성규는 이 직업에 대한 소회를 "생각을 마음껏 펼칠 수 있지만 그 생각에 책임을 져야 하는" 일 같다고 말한다. 어쩌면 많은 직장인이 같은 고민을 하고 있지 않을까? 조직에서 주어진 일을 하고 있지만 '실행'의 주체는 개인이다. 이를 잘 해내기 위해서는 충분한 역량이 뒷받침 되어야 한다. 그리고 그 성공 가능성을 높여서 책임져야 할 상황을 겪지 않으려면 고객이 되어봐야 한다. 고객의 '선택'을 받아야만 그 일도 의미가 있을테니 말이다. 결국 고객 관점을 갖고 역량을 키우는 것, 그게 워크맨의 일잘법인 셈이다.

협업을 만들어 내는
툴과 마인드

회사는 다양한 사람의 힘을 모아 시너지를 만들길 기대한다. 그래서 본부, 실, 팀, 파트 등 제각각의 명칭을 갖고 위계에 따른다. 그래야 관리가 되기 때문이지만 그보다도 조직이 개인보다, 하나보단 여럿이 모이면 더 큰 힘을 만들어 낼 수 있어서다. 그런데 안타깝게도 힘을 모으는 게 생각만큼 잘 되진 않는다. 삼성경제연구소 조사에 따르면, 직장인이 매긴 자기 조직의 협업 점수는 49점밖에 되지 않았다. 이유가 뭘까? 협업 과정에서 겪었던 좋지 않은 경험들 때문 아닐까? 같이 하자고 해놓고 쏙 빠져버리는 무임승차자, 일을 부탁해야 하는 상황 같은데 강압적으로 지시하는 상대, 자기 말만 맞다고 주장하는 동료 등 이유는 다양할 것이다. 그렇다고 '각자도생各自圖生(제각기 살아나갈 방법을 꾀하는 것)' 식으로 방치해선 안 된다. 그렇게 되면 조직의 존재 이유가 사라지기 때문이다.

그럼 성공적인 협업을 위해 무엇이 필요한지 알아보자.

무임승차자를 없애는 RACI 차트

협업이 잘 되지 않는 이유에 대해 많은 사람들이 '면피성 업무 태도'를 말한다. 이는 어찌 보면 당연한 얘기다. 사람은 '숨을 곳'이 있으면 숨게 되어 있다. '여러 사람이 힘을 합친다'는 협업… 말은 참 좋다. 하지만 다시 말하면 '나 하나쯤은' 힘을 덜 써도 된다는 핑계가 만들어지기도 한다. 그래서 무임승차자가 생기는 것이다.

이를 막으려면 어떻게 해야 할까? 구성원들의 선한 의도를 믿으면 될까? 아니다. 제도와 시스템, 다시 말해 툴tool 이 필요하다. 책임 소재가 모호한 협업 이슈일수록 명확한 R&R(Role and Responsibilities, 역할과 책임)이 주어져야 한다. 이를 위해 활용할 수 있는 툴이 RACI 차트다. 이는 업무 프로세스에서 누가 어떤 수준으로 일을 해야 할지를 정리한 표다. 목표 달성을 위해 필요한 과제들을 나열하고, 이를 효과적으로 수행하기 위한 개인별 R&R을 정리하는 것이다. R&R은 크게 네 가지다. 실제 일을 하는 담당자Responsible, 프로젝트 결과 책임자Accountable, 이를 돕기 위한 조언자Consulted, 업무의 수행 결과를 통보 받는 사람Informed이다. 네 가지 역할의 앞 글자를 따서 RACI다.

조직 내 업무 상황을 예로 들어 설명해보자. 신규 마케팅 채

	수행 주체					
구분	갑	을	병	정	무	기
업무 A	C	I	I	-	R	A
업무 B	R	I	A	I	-	I
업무 C	C	C	A	R	I	I
업무 D	C	C	C	R	C	A

수행 업무

R Responsible (실무담당자) **A** Accountable (의사결정권자) **C** Consulted (업무수행 조언자) **I** Informed (결과통보 대상자)

RACI Chart 예시

널 발굴을 위한 전사 협업 테스트포스팀TFT이 구성됐다고 하자. TF 팀장이 해당 프로젝트의 진행을 총괄해야 할 의사결정권자 (Accountable)가 된다. A의 역할을 맡은 사람은 다양한 팀에서 모인 구성원들에게 업무를 배분하고 결과물의 수준을 '책임'져야 한다. 하지만 팀장이 모든 일을 할 순 없다. 단위 업무를 맡아 진행할 구성원을 골라 각 업무별로 실무담당자(Responsible)의 역할을 줘야 한다. 이렇게 각자에게 역할만 준다면 팀으로 협업하는 것이 큰 의미가 없다. 과거 유사한 업무를 맡았거나 관련 분야에 전문적 지식이 있는 구성원에게 업무수행 조언자(Consulted)의 역할을 줘서 프로젝트의 성공 확률을 높일 수도 있다. 마지막으로, 직접적 이해관계자는 아니지만 관련 업무의 진행 내역을 알아야 하는 재무팀 등 유관 부서 사람들에게 결과통보 대상자(Informed)의 역할을 줄 수 있다.

요즘 초등학생 대부분이 '00반장'을 맡고 있다. 사람은 '역할'이 있어야 책임감을 갖기 때문이다. 조직에서도 협업을 이끌려면 각자 '어떤' 책임을 갖고 있는지, 한번 되돌아봐야 하지 않을까? 협업은 인간성의 문제가 아니다. 내가 뭘 해야 할지 '몰라서' 손 놓고 있는 경우가 의외로 많다. 각자에게 정확한 역할과 책임을 부여해보자. 업무에 착수하기 전에 각자의 책임을 정하는 RACI 차트를 간단하게라도 작성해보면 무임승차로 인한 문제를 크게 줄일 수 있다.

마음을 여는 진심 어린 소통

책임을 부여하는 것과 함께 갖춰져야 하는 게 있다. 바로 상대에 대한 '배려'다. 무조건 상대를 위해서만 일하라는 말이 아니다. 내가 생각하는 것만이 옳다는 생각을 버리고 '함께' 일하기 위한 방법을 찾아야 한다는 뜻이다. 예를 들어, 지원 부서는 관리가 중요하기에 깐깐한 검증을 하지만, 현업 부서는 반대로 빠른 실행을 위해 가끔 절차를 건너 뛰어서라도 일을 추진하고 싶어 한다. 당연히 이 둘이 협업을 한다면, 갈등이 생길 게 뻔하다. 하지만 이때 잠시만 상대 입장에서 생각해보면 어떨까? 상대 팀의 상황에서 해당 이슈를 바라보자는 것이다. 이런 작은 생각의 변화가 '협업하고 싶은 동료'로 뽑히는 시작이다. 그래서 필요한 게 세련된 방식의 소통이다. 그럼 소통을 잘 한다는 건 무엇일까?

　중학생들에게 가장 싫어하는 사람이 누구인지 물었다. 괴롭히는 친구나 선생님? 놀랍게도 1등은 부모였다. 먹여주고 재워주는 부모가 싫어하는 사람 1등이라니! 이유는 더 충격적이다. 흔히 생각하듯 잔소리를 많이 해서가 아니다. '나를 이해해주지 않아서' 같은 철학적인 것도 아니다. 가장 많이 나온 이유는 '다 맞는 말인데 말을 너무 밉게 해서'다.

맞는 말을 밉게 한다는 건, 대화의 '시작'에서 원인을 찾아볼 필요가 있다. 흔히 착각하는 게 있다. '많이 알려주면 충분한 소통이 된다'는 오해다. 미리 밝혔듯, 정말 오해다. 소통은 알려주는 게 아니다. 정보를 교환하는 과정이 진짜 의미의 소통이다.

협업 과제 수행을 앞두고 서로 다른 입장에서 대화하고 있는 모습을 생각해보자. 누군가 어떤 이야기를 한다. 그런데 듣는 사람이 그 내용에 동의가 안 된다. 그럼 "그렇게 생각할 게 아니라…"라며 본인 입장에서의 설명이 시작된다. 이걸 소통이라고 말할 수 있을까? 특히나 반박한 사람이 처음 말한 사람보다(그것이 가정에서의 나이든, 조직에서 직급으로든) 윗 사람이라면? 아마도 처음 말을 꺼낸 사람은 소통을 했다기보다 '잔소리 들었네…'라는 씁쓸함이 더 클 것이다. 결국 요즘 중학생들이 부모를 가장 싫어하는 이유도 이런 태도 때문 아닐까?

그럼 대체 어떤 소통이 필요한 걸까? 말하기 전에 일단 들어야 한다. 쉬운 예를 들어보자.

'중2병' 아이를 둔 부모가 있다. 어느 날 저녁, 학원이 끝나고 남을 시간인데 애가 집에 오지 않는다. 평소보다 3시간 정도 지났을 때, 현관이 조심스럽게 열린다. 걱정하며 기다리던 터라 아이가 신발도 벗기 전에 다짜고짜 소리친다.
"왜 이렇게 늦었어? 일찍 일찍 좀 다녀! 넌 하여튼 부모 마음은 안중에도 없고 네 생각만 하지?"

이 말에 무슨 문제가 있을까? '왜 늦었어?' 여기서 끝났어야 한다. 그리고 아이가 그 이유를 말해주기를 기다려야 한다. 한 시간 늦은 데는 다양한 이유가 있을 수 있다. (아름답게는) 수업 후에 뭔가 궁금하게 있어 선생님과 보충 학습을 하다가 늦었을 수도 있고, (일반적으로는) 친구들과 시간가는 줄 모르고 수다를 떨다가 급하게 집으로 향했을 수도 있다. (안타깝게는) 가장 친한 친구에게 안 좋은 일이 있어 위로를 해주느라 시간이 필요했을 수도 있고, (이런 일은 거의 없겠지만) 집에 오던 중 길을 잃은 꼬마 아이를 만나서 도와주느라 늦었을 수도 있다. 이유는 너무 다양하다. 하지만 대부분의 부모들은 잘 듣지 못한다. '또 놀다가 늦었겠지'라는 본인만의 생각에 갇혀 "빨리 들어와!"라는 말이 자연스럽게 이어진다. 결국 이 대화에 소통은 없다.

소통이 되려면 마음이 열려야 한다. 상대가 어떤 생각을 갖고 있는지에 대한 관심이 중요하다. 그래야 상대를 이해할 수 있고 그 안에서 좀 더 발전적인 대화를 이어갈 수 있다.

당연히 실천이 어렵다는 것을 안다. 하지만 앞서 말한 것처럼 '내가 아는 걸 상대도 알 것이다'라는 생각을 버리고 일단 들어라도 보자. 그게 협업을 위한 소통의 시작이다.

Essential tip

사람들은 각자 아는 게 다르다. 정보 역시 제한된 것만 가지고 있을 때가 많다. 그래서 협업은 필요하다. '내가 놓친 부분을 다른 동료가 보완해줄 수 있는' 것도, '혼자서는 버거웠던 일도 동료 덕분에 수월하게 진행'된 것도 다 협업 덕분이다. 그리고 이게 우리가 팀으로 일하는 이유다. 아무리 개인의 능력이 출중하다고 해도, 모든 것을 다 잘할 수는 없다. 그렇기에 협업은 선택이 아닌 필수다.

문제를 잘 해결하는 사람은
호기심이 남다르다

조직에서 일 잘한다는 소리를 듣는 사람의 공통점이 있다. '어려운 상황'에는 그 사람이 항상 존재한다는 거다. 까다로운 프로젝트의 중심에 그 직원이 있고, 어려운 고객사를 상대해야 할 때 전면에 나서서 움직인다. 이런 능력을 우리는 '문제해결력'이라고 말한다. 일을 하다 보면 예상치 않게 수많은 문제가 생기는데, 이를 얼마나 잘 해결하느냐가 중요한 업무 역량인 셈이다.

그런데 이런 상황만 계속 겪다 보면 지친다. 터진 문제를 해결하는 건, 안타깝지만 '소 잃고 외양간 고치는 격'이어서다. 그래서 리더에게 진짜 필요한 문제해결력은 아직 보이지 않는, 수면에 드러나지 않은 문제를 앞서서 찾아내는 것이다. 그래야 남과 다른 걸 선제적으로 해낼 수 있기 때문이다.

그럼 문제를 미리 발견해내는 진짜 일 잘하는 사람이 되려면 뭐가 필요할까? 답은 '호기심'이다. 호기심의 사전적 정의는 '새롭고 신기한 것을 좋아하거나 모르는 것을 알고 싶어 하는 마음'이다. 이런 마음을 갖기 위해 노력하면 된다. 그럼 호기심을 높이는 다음의 방법들을 보자.

의도적 차이 만들기

다음 질문에 답해보자.

어제 점심에 뭘 먹었는지 기억하는가?

그럼 지난 주 월요일 점심 메뉴는?

하루 전 일도 가물가물한데 일주일 전이 기억날 리 없다. 그런데 당신이 군대를 다녀온 남성이라면, 군입대 날 먹은 점심 메뉴는 생각나지 않는가? 신기하게도, 며칠 전 일은 까맣게 잊어도 몇 년이 지나도 기억나는 게 있다. 우리 뇌는 '다른 것'만 기억하기 때문이다. 이것이 호기심을 갖기 위해 필요한 첫 번째 방법이다. 바로 일상 속에서 의도적 차이를 만들어 내는 것이다. 단순히 기억을 오래 하고 말고의 문제가 아니다. 어제와 오늘 나의 경험과 생각이 동일하다면, 나에게 주어진 상황을 새로운 시각으로 볼 확률은 높지 않다. 다시 말해, 어제와 다른 생각을 해야만 기존에는 보이지 않던 문제를 볼 수 있다는 뜻이다.

그래서 필요한 게 '트렌드 따라하기'다. 갑자기 트렌드를 따라하라니 무슨 의미일까? 예를 들어보자. 한때 편의점 줄서기 소동을 불러온 빵이 있었다. 진짜는 빵이 아닌 그 안에 있는 스티커 때문이었지만, 새벽부터 줄을 선 사람들의 행동을 두고 '철 없는 짓'이라고 치부해버리면 새로운 생각을 할 수 없다. 무언가를 모으는 것에 열중하는 사람들의 심리는 뭘까, 이걸 우리 비즈니스에 적용할 방법은 없을까 등 기존에 하지 않던 질문을 던져봐야 한다.

나에겐 흥미가 없는 것일지라도, 내가 해보지 않았던 생각을 의도적으로 하게끔 노력해야 한다는 것이다. 어떤 드라마가 열풍이라면, 관심을 갖고 들여다봐야 한다. 비록 그게 액션을 좋아하는 내 취향이 아니라도, 낯선 주제를 다루는 드라마라 이해가 쉽지 않더라도, 남들이 많이 보는 드라마라면 '어떤 포인트'가 사람들에게 소구점을 갖는지 생각해봐야 한다. 이 드라마가 사람들에게 던지는 메시지가 뭘까, 대중은 어떤 인물의 행동에 호감을 느끼는지 등을 생각해보고, 조직 리더로서 구성원에게 보여야 할 모습에 대한 힌트를 얻을 수도 있다.

이처럼 낯선 경험을 주저하지 않고 시도할 때 우리 뇌는 '새로움'을 느끼고 호기심을 갖게 된다.

'경로의존성'이라는 말이 있다. 한번 일정한 경로에 의존하기 시작하면 나중에 그 경로가 비효율적이라는 사실을 알면서도 여전히 벗어나지 못하는 경향을 말한다. 이는 관성처럼 피하기 힘든데, 의도적 차이를 만드는 노력을 통해 이를 극복해보자. 작은 차이가 큰 발견을 이끌어낼 수도 있다.

부캐 만들기

호기심을 갖기 위한 두 번째 힌트는 '유재석'이다. 한철이 멀다 하고 빠르게 바뀌는 연예계에서 십수 년째 최정상 자리를 지키고 있는 비결이 뭘까? 매사 최선을 다하는 태도를 꼽기도 하고, 선행을 베푸는 그의 인성 덕분이라고 말하는 사람도 있다. 이들 역시 중요한 요소임은 맞다. 그런데 진짜 비결은 다른 데 있지 않나 싶다. 바로 '다양한 부캐'다. 〈놀면 뭐하니〉라는 예능 프로그램 덕분에 유재석은 수많은 가명을 가졌다. 트로트 가수 '유산슬', 혼성댄스그룹의 멤버 '유두래곤', 라면집 사장님 '유라섹' 등 프로그램의 기획 콘셉트에 맞게 매번 다른 사람이 되어 나타났다. 시청자들은 그가 유재석이라는 걸 뻔히 알면서도 기꺼이 그의 가면 놀이에 동참했다. 이때 지루함은 커녕, 신선한 즐거움을 느낀 사람이 더 많을 것이다. 이게 호기심을 유지하기 위한 두 번째 비결, 가면 쓰기다.

나는 한 명이지만, 어떤 상황에 누구와 함께 있느냐에 따라 사람은 전혀 다른 모습을 보이곤 한다. 집에서는 아빠 혹은 엄마로 자녀의 양육자가 되기도 하지만, 부모님 앞에선 애처럼 어리광을 피우기도 한다. 학창 시절 친구들을 만나면 현재의 사회적 위치와 상관없이 실없는 농담 따먹기를 하며 시간을 보내기도 한다. 회사에서도 마찬가지다. 후배들에게 친근한 선배가 되기도 하지만, 쉽지 않은 과제가 생겼을 땐 카리스마를 갖고 문제를 풀어가기도 한다. 유재석만큼은 아니더라도, 우리는 누구나 다양한 삶을 살아가고 있는 셈이다.

우리가 시도해봐야 할 것은 내 안의 '또 다른 나'를 찾아보는 작업이다. 지금껏 해보지 않았던 새로운 역할에도 기꺼이 도전해보자. 가족이나 동료 집단과의 관계에서 지금과는 다른 행동을 의도적으로 해본다거나, 기존의 인간관계를 넘어서서 새로운 관계를 맺기 위한 활동을 해보는 식이다. 그래야 지금과는 다른 차이를 보고 느낄 수 있다. 똑같은 상황에서 동일한 관점과 행동을 하는데 다른 결과를 만들어 내긴 쉽지 않다. 기존의 위치가 아닌 다른 자리에 서봐야, 기존에는 몰랐던 문제를 볼 수 있다.

그래서일까? 대기업 부회장이 소속 야구단 선수들을 집으로 초대해 직접 요리를 해주고 이를 SNS에 올린다. 게임회사의 CEO가 직접 자기 회사 TV광고에 출연해 "형" 소리를 듣는다. 다른 공간, 위치에서 다른 경험을 하며 시야를 넓히는 것의 좋은 예라고 볼 수 있다.

할리우드 영화 제작사 '이매진 엔터테인먼트'의 창업자 브라이언 그레이저Brian Grazer 회장이 이런 말을 했다.

"누구든지 자신이 몸담은 산업의 사람만 만나면 대단히 고립된, 좁은 시야를 갖게 됩니다. 자신의 호기심을 자극하기 위해 다양한 전문가들이 하는 이야기도 열심히 들어야 합니다"

새로운 경험의 폭을 넓혀야 한다. 그것이 호기심을 가장 효과적으로 키울 수 있는 방법이다.

Essential tip

지금은 필수품이 된 스마트폰을 처음 대중화시킨 '애플', 이 말만 들어도 우리 머릿속에는 한입 베어문 사과가 떠오를 것이다. 그리고 그 로고 아래 한때 이런 문구가 있었다. "Think different." 결국 새로운 시도의 시작은 '다름'이다. 작은 '차이'를 만들어 내기 위한 노력, '또 다른 나'가 되려는 시도가 나의 호기심을 키우고 그것이 문제를 앞서 찾아내는 능력을 높이는 시작일 수 있다. 당장 어떤 다름을 시도해볼 수 있을지 고민해보자.

협상의 사파리에서
맹수를 통제할 조련사를 찾아라

서로 생각이 다른 사람들이 만나 각자 원하는 것을 조금이라도 더 많이 얻기 위해 싸우는 협상. 그래서 대부분이 '내가 원하는 것을 꼭 얻어내고 말겠다'고 마음먹는다. 하지만 안타깝게도 이런 생각을 가진 사람들이 '협상에 성공했다'고 말하는 경우는 잘 듣지 못했다. 본인이 속한 조직이 '슈퍼 갑' 위치에 있는 사람을 제외하고는 말이다.

협상은 나 혼자 하는 게 아니다. 상대로부터 무언가를 얻어내려면 작은 것이라도 나의 무언가를 줘야만 한다. 그것이 상대에게 적합하고 가치 있는 행동이라면 그 힘은 더 커진다. 그래서 상대를 아는 것이 매우 중요하므로 상대의 주변까지 탐색해야 한다. 그를 움직일 수 있는 또 다른 누군가가 있을 수 있기 때문이다.

협상 상대를 폭넓게 보라

협상을 해결하는 데는 많은 방법이 있다. 상대의 선택지를 없애버려 나의 제안을 받아들일 수밖에 없도록 만들 수도 있고, 상대와 내가 원하는 것을 절묘하게 만족시키는 대안을 찾아낼 수도 있다. 이런 방법은 물론 힘이 있다. 하지만 아무리 확실한 논리를 제시해도 움직이지 않는 상대가 있다면 어떨까? 상대가 원하는 것보다 더 많은 것을 얻을 수 있는 대안임에도 별 관심을 보이지 않는다면? 이런 경우 많은 사람이 "이상한 협상 상대를 만났다"며 답답해한다. 하지만 프로 협상가는 다르다. 협상 상대의 배후, 즉 또 다른 사람의 힘을 빌려 협상을 풀어간다. 그 사람을 직접 설득함과 동시에 그 사람을 움직일 수 있는 다른 사람은 누가 있는지를 찾는다. 그래서 상대방에게 영향력을 미칠 수 있는 사람을 내 편으로 내세워 협상을 풀어간다.

비즈니스 상황을 한번 보자. 제조사들은 소매점에 자사 제품이 많이 깔리길 원한다. 고객에게 노출이 많이 되어야 자연스럽게 매출이 오르기 때문이다. 그래서 편의점 본사 등 유통사와 매일 같이 협상을 한다. '신제품이 나왔으니 구매 물량 좀 늘려 달라', '판매 실적이 저조하니 판촉 행사 좀 기획해 달라' 등의 요청을 하게 된다. 하지만 요청을 받은 업체 측에서 '알겠다'고 흔쾌히 받아들이는 일은 없다. 이들 역시 괜히 주문 물량을 늘렸다가 재고만 쌓이면 부담이 되니 이렇게 대응한다.

"저희도 구매해드리면 좋겠지만, 점주분들이 주문을 하지 않는데 어떻게 합니까?"

이 말에 대한 반응에서 영업 담당자가 우수한 역량이 있는지, 그저 그런 직원인지 파악할 수 있다. '일 잘하는 제조사 영업 담당'은 이번 협상의 키맨이 본사 담당이 아닐 수 있다는 걸 파악한다. 결국 소매점주가 주문을 하느냐 않느냐가 제품 판매를 좌우한다는 걸 알아차리고, 협상 상대를 본사 담당자에서 소매점주로 바꾼다. 이 때부터 그의 고민은 '어떻게 소매점주들이 자사 제품을 좋아하게 할까?'로 바뀐다. 그래서 점주를 대상으로 마케팅 교육을 하기도 하고, 효율적인 매장 진열 방식에 대한 조언도 한다. 그럼 어떤 일이 벌어질까? 소매점주 입장에서 만약 비슷한 제품이 있다면, 나에게 조금이나마 도움을 준 회사의 제품을 먼저 구매하지 않을까? 하나만 살 계획이었더라도 큰 무리가 안 된다면 두세 개를 살 수도 있지 않을까? 그럼 자연스럽게 유통본사에 더 많은 주문이 올라갈 것이고, 제조사의 매출 기회는 커진다. 이것이 눈 앞의 협상 상대에만 매몰되지 않아야 하는 이유다.

제3의 힘을 활용한 협상

협상 상대를 폭넓게 파악한 덕분에 스포츠 외교 역사가 바뀐 사례도 있다.

1988년 올림픽 유치를 놓고 서울과 일본 나고야가 경쟁하고 있었다. 80년대 초반, 우리나라 스포츠 외교는 걸음마 단계였던 터라, 많은 나라가 우리에게 무모한 도전이라 했다. 유치 기간 동안 우리 유치단이 대접 받은 수준을 보면 그 상황을 짐작할 수 있다. 그들은 시내가 아닌 외곽의 호텔에 숙소 배정을 받을 정도로 '푸대접'을 받았다. 하지만 당시 일본은 이미 IOC 부위원장을 배출했을 만큼 스포츠 외교에서 귀빈 대열에 올라 있었다. 그래서 대부분 국가에서 일본이 쉽게 이길 거라고 예상했다.

하지만 우리나라 유치단은 포기하지 않았다. 대한민국에 대한 인지도가 바닥인 상황을 우호적으로 바꾸기 위해 다양한 노력을 했다. 한국의 매력을 최대한 드러낼 수 있도록 한국 전시관을 만들고, 안내원들이 한복을 곱게 차려 입고 IOC위원 개개인에게 한국의 매력과 서울 유치의 필요성을 어필했다. 뿐만 아니라 유치위원 가족을 총동원해 정성스럽게 화환을 만들고, 이를 유치위원장 명의로 IOC위원들에게 보내는 등의 노력을 계속했다. 그러나 이런 감성적인 접근만으론 한계가 있었다. IOC위원들을 움직이기 위해선 좀 더 강한 자극이 필요했다. 그래서 직접 만나는 것 외에 또 다른 방법을 쓰기로 했다. 유치단이 아닌 다른 사람이 나서도록 한 것.

고민 끝에 떠오른 인물이 '아디다스'의 다슬러Horst Dassler 회장이다. 그는 IOC위원들에게 큰 영향력을 미치는 스포츠계의 '큰손'으로 통했다. 당시 IOC 사마란치 위원장도 문제가 있을 때마다 다슬러 회장과 의논한다는 소문이 있을 정도였다. 다슬러 회장만 우리 나라 편으로 돌리면 유치 가능성이 훨씬 더 커질 상황. 그러던 중 우리나라 유치단에게 다슬러 회장과 만날 기회가 생겼다. 올림픽 유치에 큰 힘이 될 수 있는 인물과의 미팅. 그 자리에서 그는 이런 요구를 했다.

"내가 한국을 적극적으로 밀어 올림픽 유치를 성사시켜준다면, 아디다스에 TV 방영권 및 기타 사업권을 줄 수 있습니까?"

유치단은 올림픽만 유치되면 중계권 등은 큰 문제가 아니라고 판단해 제안을 받아들였다. 그리고 결과는 알다시피 "쎄울, 꼬레아!"라는 사마란치 위원장의 발표로 마무리됐다. IOC위원을 움직이기 위해 또 다른 사람의 힘을 이용한 것이다. 결국 그것이 서울 올림픽 유치에 큰 힘이 됐다.

이렇게 말하면, '우리나라 유치단이 다슬러 회장의 상업적 술수에 넘어간 게 아니냐'고 생각할 수도 있다. 그럴 수도 있지만, 중요한 건 우리나라 유치단에겐 올림픽 유치를 통한 상업적인 이익보다 국가 홍보의 욕구가 더 강했고, 이를 만족시키기 위해 또 다른 사람을 이용했다는 사실이다. 그 방법으로 '제3의 힘'을 활용해 IOC위원들과의

협상에 성공할 수 있었다.

Essential tip

동물원에 갇힌 맹수 한 마리. 지나가는 사람을 볼 때마다 으르렁거리기 바쁘다. 맹수를 진정시켜 나를 지켜줄 보디가드로 만들고 싶다면? 이때 싸워서 힘으로 이길 생각을 하는 사람은 바보다. 맹수를 통제할 수 있는 누군가를 찾아야 한다. 바로 조련사다. 아무리 성질 나쁜 맹수라도 자신에게 먹이를 주는 존재에게는 순한 양이 된다. 기억하라. 아무리 까다로운 협상 파트너라도 그를 움직일 수 있는 사람이 한 명은 있기 마련이다. 그를 찾아 내 편으로 만들 수 있다면, 협상 결과도 내 것이 될 수 있다. "맹수와 싸울" 것인가, 아니면 "조련사를 활용"해 맹수를 진정시킬 것인가? 답은 이미 나와 있다.

마음의 벽을 허무는 협상법

협상은 어렵다. 상대로부터 내가 무언가를 얻어내야 하는데, 당연한 말이지만 상대는 그것을 주기 싫어하기 때문이다. 가뜩이나 어려운 게 협상인데 상대가 까탈스럽게 나온다면 어떨까? 그 협상은 당연히 더 어렵다. 하지만 어렵다고 피할 순 없다. 까다롭게 나온다면 그에 맞는 대응이 필요하다. 협상을 더 어렵게 만드는 상대와의 협상법을 찾아보자.

적대감을 가진 상대와의 협상법

무슨 제안을 해도, 혹은 제안을 하기 전부터 부정적인 반응을 보이는 상대가 있다면 어떨까? 마음 같아서야 '그만두자' 해버리고 싶지만, 회사 입장에서 혹은 내 개인적으로 정말 중요하고 필요한 상대라면 그럴 순 없다. 이럴 때 많은 사람은 '뭘 주면서 시작해야 할까?'를 생각한다. 작은 양보를 통해 문제를 해결할 수 있다고 믿기 때문이다. 물론 이런 접근이 힘을 발휘할 수도 있지만 전제가 필요하다. 상대방이 '뭔가 더' 받아내겠다'는 마음을 갖고 적대감을 드러내는 경우일 때다. 그런데 안타깝게도, 우리가 누군가에게 적대감을 갖는 이유는 너무도 다양하다. 나는 잘 모르는 과거 어떤 불편한 경험 때문일 수도 있고, 조직 차원의 또 다른 이해관계 때문에 선입견이 있을 수도 있다. 정말 답답한 것은 '그냥' 싫을 때다.

그래서 문제는, 나와 감성적인 문제로 부딪힌 상대와 어떻게 협상을 끌어갈 것인가다. 감성의 문제는 감성으로 풀어야 한다. 그렇다고 문제가 뭐가 됐든 상대에게 진심으로 다가가라는 류의, 말하면 입 아픈 소리는 하지 않겠다. 한 사례에서 힌트를 얻어보자. 1998년, 에콰도르와 페루 간 50년 넘게 이어져 온 영토 분쟁이 해결됐다. 이 문제를 맞닥뜨린 사람은 대통령이 된 지 일주일도 안 된 에콰도르의 마후아드Jamil Mahuad '초짜'대통령이었다. 게다가 그의 협상 상대는 8년간 페루를 이끌어온 후지모리Alberto Fujimori 대통령. 누구도 이 협상이 타결되리라 기대하지 않았다. 서로에게 엄청난 적대감을 갖고 있던 두 나라의 문제를 초짜대통령이 풀어낸 비결이 뭘까? 그는 후지모리를 처음 만났을 때 이렇게 말했다.

"대통령을 일주일만 해도 이렇게 힘든데, 페루를 8년이나 이끌어 오시다니, 정말 대단하십니다. 이번 협상에서 선배님의 노하우

에콰도르에 대한 적개심으로 똘똘 뭉친 페루 대통령(오)을 감정적으로 무장해제시키고
협상을 성공으로 이끈 마후아드 대통령(왼) | 출처: EL NORTE

를 많이 배울 수 있길 기대합니다.”

이게 무슨 말인가? 자국의 입장을 강하게 어필해도 시원찮을 판
에 상대에게 배우고 싶다니? 하지만 후지모리의 경륜을 인정한 마
후아드의 접근 덕분에 두 정상의 합의는 일사천리로 진행됐다. 이
것이 감성적 문제를 해결하는 방법, 즉 상대에 대한 ‘인정’이다. 사
람은 누구나 인정받고 싶어 한다. 그게 거창한 성과에 대한 것일 수
도 있고, 내가 몰랐던 지식이나 하지 못한 경험에 대한 것일 수도
있다. 뭐가 됐든 인정할 거리는 있다.

나에게 적대감을 가진 사람에게 줘야 할 것도 물리적 양보보다
감성적 인정일 때가 많다. 까탈스럽게 구는 구매 책임자에게는 이
렇게 물어보면 어떨까?

“담당님께서 저보다 관련 경험이 훨씬 많지 않으십니까? 저는

이런 생각을 해봤는데, 이런 상황에서 담당님이라면 어떻게 접근하실지 조언을 좀 부탁 드려도 될까요?"

물론 이렇게 한 번 묻는다고 상대가 모든 마음의 벽을 허물고 친근해지진 않는다. 하지만 "너무 그렇게 까다롭게 생각 마시고, 저의 제안을 잘 검토해주십시오"라고 말하는 것보다는 낫지 않을까?

'벤자민 프랭클린 효과'라는 게 있다. 도움을 받았을 때보다 내가 도움을 준 사람에게 더 큰 친밀감을 갖게 된다는 것이다. 이는 뇌과학과 연관돼 있다. 내가 싫어하는 사람에게 뭔가를 주게 되면 뇌는 헷갈리기 시작한다. 싫어하는 상대에게 선한 행동을 했기 때문에 인지부조화가 나타난 것. 그래서 우리 뇌는 이미 벌어진 행동, 즉 무언가 베풀어준 것은 바꿀 수 없으니 상대에 대한 인식, 즉 싫어한다는 생각을 바꾸고자 한다. 그래서 '도움을 줄 만한 사람이었으니 내가 뭔가 베풀어준 거야'라는 식으로 정리를 해버린다.

나에게 적대적 관계의 사람과의 협상을 앞두고 있다면, 이제 이런 고민을 해보자. "상대로부터 내가 어떤 '작은' 도움을 요청할 수 있을까?" 그리고 그렇게 도움 받은 것에 대해 크든 작든 인정을 표현하자. 상대를 인정할 것은 아주 많다. 상대의 풍부한 경험일 수도 있고, 업계 관련 지식일 수도 있다. 다만 우리가 그것을 인정할 생각이 없었기에 보이지 않았을 뿐이다.

가격만 제시하는 상대와의 협상법

비즈니스에서 가장 중요한 건 돈이다. 하지만 그게 전부는 아니다. 그런데 협상을 하다 보면 '가격 조건'만 주장하는 상대를 만날 때가 있다. "좋은 거 다 알겠는데, 비용이 안 맞아서 힘들다"라는 식이다. 바로 구매담당자, 구매팀이다. 이런 상황을 겪으면 많은 사람이 이렇게 하소연한다. "가치를 봐야 하는데 돈 생각만 한다"라고. 답답할 수 있다. 하지만 그건 구매팀이 회사로부터 부여 받은 역할이다. 본인의 역할을 충실히 수행하는 사람들을 비난할 순 없다. 상대를 바꿀 수 없으니 달라져야 하는 건 이들을 상대해야 하는 나의 태도다.

답은 간단하다. 구매팀, 혹은 가격 조건만 따지는 상대 관점에서 리프레이밍reframing 하는 것이다. 우리의 강점을 상대 관심사, 즉 '비용' 관점에서 설명해주라는 것이다.

구체적 상황으로 설명해보겠다. 당신이 원재료를 납품해야 하는 영업담당자라고 생각해보자. 협상장에 나온 구매담당자에게 우리 제품이 경쟁사에 비해 품질이 좋다며 불량률, 만족도 수치 등이 정리된 자료를 박스째 들이밀어봐야 소용이 없다. 이들에게는 원재료가 좋기 때문에 완제품의 불량률이 줄어 "생산 원가가 줄어든다"라고 설명해야 한다. 혹은 원재료 문제로 인한 반품 이슈가 없어서 "제조 비용이 낮아진다"고 알려줘야 한다.

또 다른 상황을 보자. 생산 장비를 판매하고 싶다면 어떻게 해야 할까? 마찬가지로, 생산 편의성이나 속도 등의 자료를 제시하는 건 의미가 없다. 장비 사용이 쉽기 때문에 장비 오작동으로 인한 "수리 비용이 안 들고", "장비 운용, 교육 비용도 들지 않는다"는 걸 어필해야 한다. 혹은 생산 속도가 빨라지기 때문에 "생산 비용을 낮출 수 있다"고 설명해줘야 한다. 내가 줄 수 없는 가치, 다시 말해 상대가 표면적으로 요구하는 '비용 할인'을 받아들이라는 게 아니다. 내가 갖고 있는 강점을 상대가 중시하는 가치로 '환산'해서 제시하라는 의미다. 협상 컨설팅을 하다 보면 가격 조건 등을 정할 때 '내가 들인 인풋'을 기준으로 삼는 경우를 보게 된다. 그러다 보니 "상대가 우리의 노력은 생각도 안 하고 비싸다고만 한다"며 불평하지만, 나의 노력은 가격과 별 상관이 없다. 가격은 상대가 어떻게 느끼느냐에 따라 달라진다. 그래서 상대가 중시하는 가치를 어떻게 만족시켜줄 것인가를 고민하는 게 핵심이다.

하지만 이렇게 안건을 리프레이밍하는 것에도 한계가 있을 수 있다. 그럴 땐 앞서 설명했듯 제3자를 활용하는 게 좋다. 영업 중에서도 가장 힘들다고 하는 제약 영업. 대형 병원에서 처방이 되려면 구매팀의 결정이 필요하다. 이들의 관심사는 역시 비용이다. 하지만 의약품은 비용 외적인 경제적 지원 등을 해주는 게 어렵다. 이럴 때 활용할 수 있는 제3자는 크게 둘인데, 먼저 의사다. 모든 처방은 결국 의사에 의해 이뤄진다. 의사들이 '환자 치료를 위해 꼭 필요하다'고 주장하는데 구매팀이 '비용 문제로 어렵다'며 마냥 버티긴 힘든 상황이 생긴다. 또 다른 제3자는 환자다. 치료를 위해 더 적합하고 좋은 약이 있는데 병원에서 처방을 해주지 않는다면 환자들은 그 병원을 선택하지 않는다. 다시 말해 환자로 하여금 병원에 일종의 '압박'을 하도록 할 수도 있다.

어떤 협상이든 상대의 입장을 감안해 다양한 각도로 접근해야 성공에 가까워진다.

> ### Essential tip
>
> 협상은 이슈 싸움이다. 하지만 이슈가 전부는 아니다. 상대가 나에게 어떤 감정을 갖느냐, 그리고 그 감정을 어떻게 긍정적으로 '돌릴' 수 있느냐가 어떨 땐 더 중요하다. 그럴 땐 항상 상대를 생각하자. 그가 원하는 것은 뭔지, 그리고 그걸 내가 어떻게 들어줄 수 있을지를 찾자. 협상은 덜 주기 위해 경쟁하는 싸움이 아니라, 더 많은 걸 얻기 위해 문제를 풀어가는 과정이다.

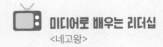
흥정이 아닌
서로가 만족하는 '진짜 협상'

치킨, 피자, 아이스크림 브랜드는 물론, 미용실 체인과 의류 브랜드, 이젠 편의점까지. 한 번쯤 들어봤을 만한 기업을 찾아가 "왕(회사 대표) 만나러 왔다!"며 뻔뻔하게 외치는 연예인이 있다. 유튜브 채널 〈네고왕〉이다. 첫 화를 보기 전까진, 연예인이라는 후광을 업고 막무가내로 떼쓰며 혹은 이미 사전에 짠 각본대로 끼워 맞추는 것일 거라 생각했다. 하지만 회차가 지날수록 다음에는 어떤 협상법을 보여줄지 기대하게 된다. 더불어 소비자들이 30퍼센트 이상 낮아진 금액 덕분에 즐거워하며 돈을 쓰게 만든다. 이게 협상의 힘이다. 〈네고왕〉에서 발견한 협상법 두 가지만 소개한다.

'나만의 정보'가 많을 수록 유리한 싸움

학생들은 가격이 비싸 쉽게 구매할 수 없다는 의류 브랜드를 찾아간 네고왕. 거리에서 만난 사람들의 바람대로 80퍼센트 할인이라는 엄청난 제안을 한다. 이에 30퍼센트 할인으로 맞서는 브랜드 대표. 몇 번의 실랑이 끝에 50퍼센트 할인으로

절충점을 찾는다. 여기서 끝났다면 이 협상은 서로 원하는 숫자만 말하다 끝나는 '흥정'에 불과하다. 합의하는 듯했던 협상에 네고왕이 다른 제안을 한다. "1퍼센트만 더, 51퍼센트 할인을 하시죠!" 당황해하는 대표에게 덧붙여 말한다. "직원들은 이미 50퍼센트 할인을 받고 있잖아요!" 네고왕 덕분에 직원들도 기분 좋게 구매하게 하려면, 이미 제공되는 혜택보다는 조금이라도 더 할인을 해야 한다는 논리다. 결국 이 협상은 51퍼센트 할인으로 타결됐다. 이때 생각해야 할 것은 협상에서 정보가 가진 힘이다. 네고왕이 50퍼센트가 아닌, 1퍼센트 할인을 더 받아낼 수 있었던 데는 '직원에게는 50퍼센트 할인 혜택이 적용된다'는 정보가 있었기 때문이다.

협상은 누가 더 많은 정보를 갖고 있느냐의 싸움일 때가 많다. 갑의 위치에 있는 협상가, 대표적으로 대기업에서 구매자의 위치에 있는 분들이 많이 갖는 착각

중 하나가 자신들이 협상을 잘한다고 믿는 것이다. 하지만 이들이 협상장에서 큰소리를 칠 수 있는 이유는 개개인의 협상 스킬이 뛰어나서가 아니다. 비즈니스 포지션상 우위에 있기 때문이다. 그리고 그 위치는 정보로 만들어진다.

예를 들어보자. 많은 납품업체가 대기업에 납품 기회를 얻고자 노력한다. 그래야 안정적인 물량을 확보할 수 있기 때문이다. 이런 기회를 얻기 위해 업체들은 계속 어필한다. 자사 제품의 경쟁사 대비 장점은 무엇인지, 어떤 기술과 원재료를 써서 품질을 높이는지, 가격은 어디까지 맞출 수 있는지 등등. 자연스럽게 피라미드의 꼭대기에 있는 구매자에게 여러 회사의 정보가 모인다. 그럼 구매자는 A사의 정보로 B사를, B사의 노하우로 C사를, C사의 가격 정책으로 A사를 압박하면서 회사에서 원하는 바를 만들어 낸다. 특출난 협상 스킬이 있어서가 아니라 나에게 들어온 정보 덕분에 협상을 유리하게 끌어나갈 수 있는 것이다.

그럼 정보가 모이지 않는 위치라면 협상에서 끌려다닐 수밖에 없을까? 그렇지 않다. 모이지 않는다면 내가 직접 나서서 수집을 해야 한다. 〈네고왕〉이 그렇다. 브랜드에 대한 정보는 네고왕보다 당연히 브랜드 담당자가 많을 수밖에 없다. 더 이상의 할인은 왜 불가능한지, 그 행사는 왜 어려운지 등에 대한 논리 싸움에선 이길 재간이 없다. 그래서 협상을 하기 전에 이들은 항상 시민들을 만나 의견을 듣는다. 그 브랜드가 경쟁사에 비해 부족한 건 뭔지, 어떤 점을 개선해야 좀 더 지갑을 열 것인지 등을 파악하는 시간이다. 그리고 '나'의 주장이 아닌 '소비자'의 목소리로 제안한다. 이게 핵심이다. 상대에게는 없는 '나만의 정보'를 얼마나 많이 갖고 있느냐가 내 협상력을 좌우한다.

드러내지 않는 상대의 니즈를 파악하라

네고왕이 할인을 요구하면 브랜드에선 "그렇게는 어렵습니다"라는 답변이 자동적으로 나온다. 아이스크림 브랜드와의 협상도 그랬다. 현재 진행 중인 '2+1' 행사를 '2+2' 행사로 바꾸자고 제안하지만 브랜드는 '전례가 없다'며 거부한다. 앞서 말한 정보로 맞선 브랜드에 네고왕이 이렇게 카운터오퍼를 던진다. 지금처럼 2+1 행사를 하되 미니컵을 추가로 증정해 달라는 것. 그 다음이 핵심이다. 바로 '자사앱 이용 시'라는 제한 조건을 붙인 것. 반색하는 상대를 보며 던진 네고왕의 한마디에서 협상 비법을 찾을 수 있다. "왕들은 자사앱 너무 좋아해~."

'증정품을 추가해 달라'고 주장만 해봐야 달라질 게 없다. 대신 자사앱 활용을 통해 상대방이 드러내진 않았지만 중요시하는 '고객 데이터베이스 확보'라는 가치를 얻을 수 있도록 새로운 제안을 해 협상의 판을 바꿨고, 결국 원하는 것을 얻어냈다.

움직일 것 같지 않던 상대를 설득시킬 수 있었던 비결은 상대가 원하는 것을 제공해준 덕분이다. 이를 협상에선 '니즈needs(욕구, 필요)'라고 말한다. 협상이 잘 풀리지 않는 이유는 상대가 드러낸 요구만 생각하기 때문이다. 납품 협상 상황을 예로 들어 생각해보자. 구매자는 좀 더 빠른 납기를 원한다. 하지만 판매자는 일정 조정은 어렵다고 맞선다. '납기 일정 앞당겨 달라'와 '일정 조정은 안 된다'와 같이 협상에서 표면적으로 드러나는 것이 바로 요구다. 이 두 조건 사이의 접점은 없다. 이럴 때 구매자가 '왜' 일정 조정을 원하는지, 반대로 판매자는 일정 조정이 왜 힘든지 등 각자 갖고 있는 '이유'가 니즈다. 구매자는 신제품 생산을 위해 일부 품목만이라도 빠른 공급이 필요해 납기 일정 조정을 요청했을 수 있다. 판매자 입장에선 배송 차량에 문제가 있어 납기일 조정이 어렵다고 말했을 수도 있다. 그럼 이제 협상 판은 달라진다. 판매자가 일부 제품에 대해서만이라도 납기를 당겨주면 문제가 풀린다. 혹은 구매자가 배송 차량을 지원해준다면 협상은 타결될 수 있다. 그래서 프로 협상가들은 항상 상대의 니즈에 집중한다.

그럼 상대의 니즈를 어떻게 파악할 수 있을까? 가장 쉬운 방법은 물어보는 것이다. 내가 요구한 조건을 왜 받아들일 수 없는지 확인하는 게 첫 단계다. 여기서 상대가 만족스러운 답을 해주지 않는다면 '어떤 조건이 충족되면' 내가 제안하는 걸 받아들일 수 있을지 물어보자. 상대가 원하는 걸 먼저 들어준 뒤 내가 원하는 걸 받아내야 한다. 가격 조건일 수도 있고 품질이나 공급 안정성일 수도 있다. 여기서도 답을 얻지 못했다면, 질문 상대를 넓혀야 한다. 상대와 연관된 혹은 상대를 잘 알고 있는 다른 이해관계자를 찾아 '상대방이 뭘 중요시 하는지' 물어야 한다.

더불어 중요한 건 '내가 다 알고 있다'는 생각을 버리고 상대방 입장으로 생각해보는 것이다. 네고왕이 '고객 정보 획득'을 중요시 했던 다른 브랜드 대표와의 협상 경험을 활용해 문제를 풀어갔던 것처럼 말이다.

Essential tip

흔히들 협상에 대해 조건만이 오가는 차갑고 냉정한 자리라 생각한다. 하지만 <네고왕>의 협상은 재밌다. 이유가 뭘까? 납득할 만한 근거를 통해 서로 원하는 걸 얻어서다. 말도 안 되는 제안을 덥석 받아들일 사람은 없다. 또 누구 하나만 이긴다면 한 명은 씁쓸할 수밖에 없다. 상대가 판매 가격의 절반 가까이 할인을 해주는 조건을 받아들이면서도 웃을 수 있는 건 그럴 듯한 이유로 다른 방향에서 새로운 가치를 얻어내기 때문이다. 그래서 협상가는 고민해야 한다. 내가 이번 협상에서 무엇을 얻어낼까가 아닌, 나와 협상을 한 상대가 무엇을 얻게 할 수 있을까에 대해서. 상대를 위해 고민하는 나의 노력이 결국 나에게 더 큰 이익을 안겨줄 수 있음을 기억하자.

협상을 할 때
가장 궁금한 세 가지

"하노이일까 다낭일까?"

두 번째 북미정상회담 장소를 놓고 며칠에 걸쳐 북한과 미국의
높은 사람들이 협상을 했다.

"자, 얼마까지 맞춰주실 수 있죠?"

어렵사리 성사된 대기업 구매 담당자와의 미팅. 계약을 꼭 따내
고 싶은 영업 담당자와 최대한 좋은 조건을 얻어내려는 구매 담
당자가 협상을 한다.

"빨리 일어나! 학교 안 갈 거야?!"

이불 속에서 나오지 않는 아이를 흔들어 깨운다. 비몽사몽 화
장실로 들어가며 "나 용돈 좀 올려줘"라고 중얼대는 아이에게

"10분 내로 안 나오면 이번 달 용돈 없어!"라고 호통치는 엄마.

셋 중 협상이 아닌 상황은? 없다. 국가의 미래를 결정하는 것부터 아이의 용돈을 정하는 것까지, 내가 원하는 것을 얻기 위한 상대와의 모든 대화가 협상이다.

그만큼 중요한 협상에 대해 사람들이 가장 궁금해하는 세 가지와 그 해결책을 보자.

Q. 왜 꼭 적정가 이상을 불러야 하죠?

협상을 앞둔 모든 사람이 갖는 고민이 있다. '첫 제안을 어느 정도로 해야 할까?'에 대한 문제다. 다만 확실한 게 있다. 내가 원하는 것보다 항상 더 부른다는 사실이다. 판매자라면 최종적으로 원하는 가격보다 더 비싸게, 구매자라면 지불할 수 있는 금액보다 더 낮은 가격을 요구한다. 결국 고민의 핵심은 '얼마나 더 부를 것인가?'이다.

이러다 보니 궁금해진다. 왜 우리는 꼭 더 불러서 협상을 어렵게 만드는 걸까? 애초부터 내가 받고자 하는 조건만 명확히 요구하면, 서로 실랑이 하지 않고 협상을 타결할 수 있는 것 아닐까? 협상에 쓰이는 시간도 줄일 수 있을 테고 말이다.

이는 심리적 만족감의 문제다. 예를 들어보자.

해외여행 중, 기념품을 사기 위해 시장에 들렀다.

마음에 드는 가죽지갑을 발견하고 호기롭게 외친다.

"20달러에 주시죠!"

다른 사람이 비슷한 물건을 25달러에 샀다는 말을 들었던 터라 '안 되면 말고'라는 심정으로 던진 제안이다.

그런데 그 말을 듣자 마자 "오케이"를 외치며 더이상의 흥정도 없이 물건을 포장해주는 주인….

예상보다 5달러를 아낀 이 협상. 과연 잘 끝난 걸까? 뭔가 찜찜하다는 생각이 든다. 머릿속에 '혹시 불량품인가?'라는 의심이 계속 든다. 첫 제안에서 한 번에 타결됐음에도 만족하지 못한다.

만약 주인이 "아니요, 25달러는 주셔야 됩니다"라고 했다면? 그리고 한참의 실랑이 끝에 22달러로 3달러의 양보를 얻어냈다면? '내 협상력 덕분에 깎는 데 성공했다'는 뿌듯함에 지인에게 자랑할 수 있지 않을까? 이게 사람 마음이다. 애초 원했던 것보다 더 많은 비용을 지불해도 만족할 수 있고, 더 나은 결과물을 손에 쥐고도 만족 못 할 수 있다.

협상은 수학 문제 풀이가 아니다. 정답이 없다. 매번 똑같은 협상도 없다. 그래서 결과가 좋은지 나쁜지 비교할 수도 없다. 결국 협상이 끝났을 때 어떤 기분을 느꼈는지가 중요하다. 그래서 과정이 더 힘들어지더라도 첫 제안을 궁극적으로 원하는 것보다 더 '세게'

할 수밖에 없는 것이다.

Q. 생각대로 안 풀릴 땐 어떻게 해야 할까요?

협상 과정에는 다양한 변수가 생긴다. 그래서 혹자는 말한다.

"협상에서 준비가 중요하다고들 하는데, 별로 동의하지 않습니다. 내가 아무리 사전에 전략을 짜도 협상 장소에 들어가면 상대가 주장하는 것 때문에 다 뒤집어질 때가 많거든요."

동의한다. 하지만 이 생각에는 중요한 하나가 빠져 있다. 협상을 준비할 때의 방법과 범위에 대한 이야기다. 사람들은 협상 전에 내가 어떤 제안을 할까, 내가 어떤 근거를 제시할까에 집중한다. 내가 원하는 것을 얻기 위해 협상을 하니 이를 고민하고 명확히 하는 건 필요하다. 하지만 그게 전부는 아니다. 더 중요한 건 '상대'가 이번 협상에서 뭘 원하는지 파악하는 것이다. 내가 무언가를 원하듯, 상대도 똑같은 입장에서 협상에 임한다. 상호작용이라는 뜻이다. 그래서 제대로 된 협상 준비는 상대의 상황까지 파악하는 것이다. 그리고 나만의 관점이 아닌 상대 입장에서도 협상 계획을 세워야 한다.

그런데 사전에 상대 입장에서 아무리 생각했더라도, 내 예상 범위 이상의 것을 요구할 때도 있다. 이처럼 어처구니 없는 제안을 할 때, 그래서 협상이 꼬였을 때 어떻게 대응해야 할까? 가장 쉬운 방법은 '브레이크 타임'을 갖는 것이다. 예상치 못한 공격이 들어오면 사람들은 당황한다. 이런 심리 상태에서 협상을 계속 끌고 가는 것은 지는 싸움을 하는 것과 같다. 자연스런 휴식 시간을 통해 내부 의견 정리가 필요하다. 실제 협상에선 이런 역할을 외부 전문가가 하는 것이 좋다. 비즈니스 안건이 오가는 상황에서 실제 이해관계자들이 냉정함을 유지하기란 쉽지 않으므로, 소위 훈수를 두는 역할을 할 수 있는 외부 전문가가 협상의 흐름을 읽으며 맺고 끊을 타이밍을 잡아주는 것이 좋다.

하지만 매번 "잠깐만 쉽시다"라고 할 순 없다. 그럴 땐 의도적으로 협상 안건을 바꿔야 한다. 예를 들어 상대가 예상치 못한 단가 조건을 던져 당황스러운 상황이 생겼다면, "단가는 이견이 큰 것 같으니, 물량 먼저 협상을 합시다"라는 식으로 의제를 바꿔야 한다. 이를 통해 상대에게 '무리한 제안이었다'라는 사인을 주는 효과도 있다.

Q. 마무리를 좋게 하고 싶은데, 어떻게 할까요?

모든 일은 마무리가 중요하다. 협상도 마찬가지다. 공격적인 첫 제안과 근거 제시로 협상 분위기를 내 편으로 만들고, 교착 상태에 빠진 협상도 안건 교체 등을 통해 잘 풀어냈지만, 마무리가 제대로 안 되면 마지막에 악수를 할 땐 웃지 못할 수도 있다. 그럼 협상에서 좋은 마무리는 뭘까?

상대가 이겼다는 생각, 최소한 비겼다는 느낌을 갖도록 하는 게 좋은 마무리다. 오해하지 말자, 협상 내용에서 상대방이 승리하도록 이것저것 퍼주라는 게 아니다. 생각을 그렇게 하도록 만들라는 것이다. 그래서 다음에 비슷한 상황이 생겼을 때 또 찾고 싶도록 만들어야 한다. 그러려면 협상이 끝날 때 상대에게 작은 것을 양보하자. 얼마나 큰 가치가 있는가는 중요치 않다. 상대가 작은 고마움이라도 느낄 수 있는 이슈면 충분하다. 예를 들어, 납품 업체의 영업 담당자라면, 배송 시기를 하루 이틀이라도 당겨주거나, 현재 개발 중인 시제품을 무상으로 제공하는 것 등이 가능할 수 있다. 어떤 영업 담당자는 계약을 할 때 '제품을 납품하는 기간 동안 한 달에 한 번 점심식사를 제공하겠다'란 조항을 의도적으로 넣는다고 한다. 이것은 물건을 팔고 끝내는 게 아닌, 상대를 주기적으로 찾아가 관리를 해주겠다는 의미다. 이는 '무상 AS'처럼 거창한, 회사 입장에서는 비용이 드는 안건을 양보하지 않으면서도 '상대가 나와 우리 회사를 이렇게까지 챙겨주는구나'라는 생각을 갖게 할 것이다. 이렇게 관계를 맺어 놓으면, 다음 입찰에선 더 많은 정보를 가지고 뛰어들 수 있으니 영업 담당자 입장에서도 손해볼 게 전혀 없다. 이처럼 큰 비용을 쓰지 않아도 줄 수 있는 작은 것을 찾아보자.

여기서 조심할 게 있다. 만약 '이번 협상에서 상대만 너무 많은 걸 얻은 것 아닌가'라는 생각이 든다면 역으로 접근해야 한다. 상대가 줄 수도 있을 법한, 하지만 내 입장에서는 받으면 좋고 안 받아도 그만인 조건을 요구하는 것이다. 바로 상대의 만족감 때문이다. 사람의 욕심이라는 건 끝이 없기에 누구나 상대로부터 더 받아내고 싶어 한다. 이럴 때 마지막 작은 요구 조건을 제시해 상대로부터 '받을 건 충분히 받았고, 상대의 제안까지 잘 방어하며 끝냈다'는 착각을 심어줄 수 있다.

> **Essential tip**
>
> 잘된 협상은 어떤 걸까? 이 질문에 답을 하려면 '협상이 뭔가?'에 대해 먼저 생각해봐야 한다. 서로 원하는 것을 얻기 위해 만나는 게 협상이다. 그래서 결과적으로 서로 만족해야 성공적인 협상이다. 이를 위해 항상 생각하자, 내가 원하는 걸 충분히 얻으면서도 상대의 만족감을 높일 방법은 뭘지. 이 질문에 대한 답이 협상을 성공으로 이끄는 핵심이다.

SELFISH
LEADER

PART 3

이기적 리더의 마음 관리법
구성원의 변화가 곧
리더의 성과다

구성원과 나를 이어주는
메타인지와 공감 능력

> 리더: 쉽지 않죠. 팀원들이 생각하는 것도 다 다르고 원하는 것
> 도 제각각이라… 그래도 나름 최선을 다하고 있어요. 최대한 들
> 어주려고 하고, 공정하게 대하고 있습니다.
> 구성원: 팀장님이 하라는 대로 하는 거죠 뭐. 얘기한다고 바뀌실
> 것도 아니고. 어차피 팀장님 머릿속엔 답이 다 있는 거잖아요?

다른 회사의 리더와 구성원이 하는 말이 아니다. 한 회사, 같은 팀
의 리더와 구성원을 따로 인터뷰하다 보면 이런 일을 심심치 않게
겪는다. '잘 한다'고 믿는 상사와 '부족하다'고 말하는 구성원. 단지
평가 기준이 달라서일까? 어쩌면 둘 사이에 건너지 못할 강이 흐르
고 있는 건 아닌지, 리더의 상황으로 들어가보자.

자신을 파악하는 '메타인지' 능력

많은 리더가 생각한다. 나는 지금 잘 하고 있다, 성과를 잘 내왔기에 이 자리까지 올라왔고, 그래서 지금 일하는 방식이 충분히 성공적이라 믿는다. 교육 프로그램 개발을 위해 다양한 리더를 만나 이야기를 듣다 보면 이런 착각이 얼마나 강한지 새삼 느끼게 된다. 왜이런 일이 생기는 걸까? 아무도 피드백을 해주지 않아서다. 리더의 중요한 역할 중 하나로 '구성원에 대한 피드백'을 꼽는데, 역설적이게도 '리더 자신에 대한 피드백'을 중요하게 생각하는 사람은 많이 만나보지 못했다.

나에 대한 피드백이 왜 중요할까? 글로벌 컨설팅 기업 '헤이그룹'에서 리더 1만 3000 여명을 대상으로 '자기 인식 수준이 성과에 미치는 영향'을 조사했다. 그 결과 자기 인식 수준이 높은 리더의 92퍼센트가 그렇지 않은 사람보다 최대 30퍼센트의 성과를 더 낸다고 나타났다.

그럼 문제는 명확해졌다. 어떻게 리더의 자기 인식 수준을 높일 것인가? 가장 쉬운 방법은 리더도 많은 피드백을 받는 것이다. 하지만 말이 쉽지, 현실적인 대안은 아니다. 관리자급 리더가 자신과 함께 일하는 구성원에게 '앞으로 내 업무 방식에 대해 피드백 좀 해달라'고 말한다면? 구성원이 어지간한 강심장 아니고서는 솔직하게 피드백하기는 어렵다. 자신의 상위 리더를 찾아가서 "제가 어떤 문제가 있는지 앞으로 잘 피드백 해주십시오"라는 요청을 하는 것은 많은 용기가 필요함은 물론, 큰 각오를 하고 말을 꺼냈더라도 "그 자리에 올라올 때까지 네 문제가 뭔지도 몰라? 그게 제일 큰 문제야"라는 타박을 듣지 않으면 다행이다. 결국 살 길을 스스로 만들어야 한다. 달리 말하면 '메타인지' 능력을 높이라는 것이다.

메타인지란 쉽게 말해 '내가 무엇을 알고 무엇을 모르는지 아는 것'이다. 이는 인간이 다른 동물과 구분되는 가장 큰 특징이다. 하지만 안타깝게도, 성공한 리더일수록 이 능력이 퇴화되는 듯하다. 잘했으니까 여기 이만큼 왔다고 믿기 때문이다. 리더는 메타인지 능력을 높이기 위해, 다시 말해 '내가 모를 수 있다'는 것을 잘 알아차리기 위해 더 노력해야 한다. 그 세 가지 방법을 기억하자.

첫 번째 방법은, 이 글을 읽고 있는 지금 이미 시작됐다. '내가 아는 게 전부가 아님'을 인식하는 게 출발이다. SNS에서 화제가 된 영상이 있다. 핸들과 반대로 움직이는 자전거 타기다. 영상 속 주인공은 이 자전거를 탈 수 있기까지 8개월의 시간이 걸렸다고 했다. 그리고 아무도 이 자전거 타기를 한 번에 성공할 수 없다고 자신 있게 말했다(자신의 강의 경험으로 이를 증명해 보이기도 했다). 이유는 간단했다. 이미 몸 속에 배어있는 자전거 타는 습관 탓에 정상적인 자전거를 타던 버릇이 자신도 모르게 나오기 때문이다. 조직 운영에도 이런 모습이 너무 자주 나타난다. 모두가 내가 하던 대로 하는 게 편하다. 자료 수집을 할 때도, 분석 보고서를 만들 때도, 고객을 만날 때도, 자꾸 예전 습관이 나온다. 그래서 이렇게 하지 않는 구성원의

171

업무 방식을 못마땅하게 느낀다. 이를 'BLM(Be/Behave Like Me) 증후군'이라 부르기도 한다. BLM을 벗어나려는 인식, 그게 출발이다.

두 번째는 생각의 속도를 늦추려 노력하기다. 2017년 노벨경제학상은 우리나라에《넛지Nudge》라는 책으로 행동경제학을 대중화시킨 리처드 탈러Richard H. Thaler 교수가 받았다. 그런데 이미 15년 전인 2002년, 프린스턴대학교의 대니얼 카너먼Daniel Kahneman이 '심리학 교수'라는 타이틀을 갖고 있음에도 노벨경제학상을 받는 사건을 만들었다. 행동경제학을 창시한 지성인으로 꼽히는 카너먼 교수는《생각에 관한 생각Thinking, Fast and Slow》에서 인간의 사고 체계를 두 가지로 구분했다. 시스템 1 사고는 직관적 판단이다. 갑자기 소리가 나는 곳으로 주의를 돌리는 것, 물체의 크고 작음을 구분하는 것, 끔찍한 사진을 보고 인상을 찌푸리는 것 등이다. 자동적이고 즉각적 반응을 관장하는 것이 시스템 1 사고다. 반면 시스템 2 사고는 의식적인 분석과 추론의 과정이다. 시끄러운 방에서 내가 듣고 싶은 내용에 집중해 듣는 것, 비슷해 보이는 두 개의 사물에서 차이점을 발견해 내는 것, 복잡한 주장의 논리적 허점을 찾는 것 등이다. 내가 합리적 판단을 해야 할 순간이라면, 시스템 1과 시스템 2 사고 중 뭐가 필요할까? 당연히 시스템 2가 사고를 지배한다고 생각한다. 하지만 연구 결과 시스템 1이 훨씬 더 많은 영향을 주며 이 때문에 각종 착각과 편향에 빠진다고 말한다. 이를 줄이려면 빠른 사고인 시스템 1이 작동하려 할 때 느린 사고인 시스템 2가 활동할 시간을 만들어 주는 노력이 필요하다. 조직의 관리자, 리더들도 마찬가지다. 구성원의 제안 내용이나, 보고서를 평가할 때 생각의 속도를 한 템포만이라도 늦춰보자. 내 과거 경험치만으로 질책하기 전에 최근에 달라진 건 없는지 확인해보는 것, 몇 사람의 긍정적 이야기만 듣고 결론을 내리기 전에 의도적인 반대 의견에 귀를 기울여보는 것 등이다. 이를 통해 내가 몰랐던 걸 알 수 있고, 결국 나의 메타인지 능력 역시 한 단계 높아질 수 있다.

세 번째 방법은 설명하기다. '느낌적인 느낌'이 아닌, 내가 아는 것, 결정한 것에 대해 상대방이 이해할 수 있게끔 설명하는 것이다. 이때 중요한 건 상대가 내 설명을 듣고 '알겠다'고 말할 수 있어야 한다는 것이다. 학창시절, 공부를 '그냥' 잘하는 친구와 '진짜' 잘하는 친구의 차이가 여기서 갈린다. 그냥 잘하는 친구의 설명은 긴가민가 애매하다. 하지만 진짜 잘하는 친구에게 들으면 귀에 쏙쏙 들어온다. 제대로 아는 상태에서 설명해주기 때문이다. 이는 특히 리더에게 중요하다. 구성원들은 리더의 판단과 지시로 움직인다. 결국 리더가 얼마나 잘 설명해주느냐에 이들의 성과가 달린 셈이다. 하지만 자기 만족을 위해 소위 설명충이 되라는 건 아니다. 만약 나의 설명을 듣고도 상대가 여전히 모르겠다는 반응을 보인다면, 기꺼이(물론 조금은 자존심 상하고 속이 쓰리겠지만) 나도 잘 모르는 것이라 받아들일 수 있어야 한다. 그리고 모름을 함께 채워 더 완벽한 답을 찾아야 한다. 이런 시행착오와 개선 노력이 나의 메타인지 능력을 높여줄 것이다.

공자는 '아는 것을 안다고 하고 모르는 것을 모른다고 하는 것, 이 것이 바로 아는 것이다'라고 말했다. 스스로에게 내가 모르는 게 무 엇인지 물어보자. 이 질문이 나에게 새로운 앎을 가져다 줄 것이다.

타인에게 공감하기 위한 '질문하기'

리더는 조직 성과에 대한 책임을 진다. 하지만 그 성과의 대부분은 구성원의 손발에서 나온다. 결국 리더는 나만 잘해선 안 된다. 구성 원과 어떤 관계를 맺느냐, 그래서 조직 성과 달성에 어떻게 기여하도 록 만들 것인가가 중요하다. 이를 위해 필요한 두 가지를 알아보자.

내가 충분한 성공 경험이 있는 분야의 조직을 이끌 때와 그렇지 않을 때, 성공 확률이 더 높은 경우는? 많은 사람이 전자가 더 유 리하다고 생각한다. 그래서 우리나라 대부분의 프로스포츠 구단 에 '스타 출신' 지도자가 자리잡고 있다. 그런데 미국프로농구NBA 감독의 프로필을 보면 이게 답은 아닌 것 같다. 2018년, 현역 감 독 30명 중 NBA 선수 경험이 있는 감독은 13명으로 절반이 채 안 됐다. 당시 3년 넘게 한 팀을 이끈 감독은 9명이었는데, 이 가운데 7명이나 NBA 출신이 아니다. 2023년 계약이 만료됐지만, 샌안토 니오 스퍼스를 28년 이끌며 역대 최고 감독으로 꼽히는 그렉 포포 비치Gregg Popovich, 명문 구단 보스턴 셀틱스를 이끌었던 감독 브래

드 스티브스Brad Stevens 등 '잘나가는 팀'으로 이끈 감독들이 우리의 고정관념을 보기 좋게 뛰어넘는다. 어떻게 이런 일이 가능할까? 이들의 성공 요인으로 꼽히는 것 중 대표적인 것이 '공감'이다. 선수의 상황을 충분히 이해하고 어려움을 함께 힘들어 한다는 것이다.

그런데 좀 의아하다. NBA 선수 경험도 없는 이들이 어떻게 공감이 가능할까? 우리는 비슷한 어려움을 겪어야 상대 상황을 이해하고 공감할 수 있으리라 믿는다. 하지만 연구 결과, 그 반대로 나타났다. 내 과거 경험과 행동이 오히려 공감을 방해한다는 것이다. 사람은 시간이 지나면 힘들었던 과거의 일을 잊는다. 그래서 자신과 비슷한 상황, 예컨대 슬럼프나 스트레스 상황에 처했을 때 '내 기억에 이 정도는 별 문제 아니었어'라고 생각하게 된다. 혹은 이미 자신은 그 문제를 극복해 냈기에 현재의 고민을 '이겨낼 수 있는 것'이라 생각한다. 오히려 이걸 이겨내지 못하는 구성원의 정신력을 탓할지 모른다.

이건 운동 선수의 세계에서만 통하는 논리는 아니다. 조직에서도 리더가 관련 경험이 많으면 많을수록, 구성원은 더 힘들어한다. 리더 본인이 속속들이 다 안다고 착각하기 때문이다. 하지만 그때는 그때고 지금은 지금이다. 리더가 처해있던 상황과 역량은 현재 구성원의 입장과 수준과는 다르다. 다른 잣대와 환경에서 같은 기준을 들이미는 것은 위험하다. 내 판단 하에서의 공감이 아닌, 구성원이 맞닥뜨린 상황에 대한 공감이 필요하다.

또한 구성원이 어떤 상황에 있는지 정확히 아는 게 중요하다. 그래서 또 다른 방법이 필요하다. 대한민국 야구 선수로는 최초로 메이저리거가 된 박찬호. 그가 미국에서 선수생활 중 힘들었던 것 중 하나로 훈련량이나 음식, 언어도 아닌 '질문'을 꼽았다. 경기가 끝나면 락커룸에 모여 경기에 대한 일종의 품평회를 한다. 이때 감독이 물었다. "왜 그 상황에서 커브를 던졌어?" 한국에서의 답은 명확했다. "죄송합니다!" 뭔가 잘못됐기에 묻는다는 생각했기 때문이다. 하지만 그곳에선 달랐다. 정말 '왜' 그 공을 던졌는지 궁금해서 묻는 게 메이저리그 감독의 운영 방식이었다. 그때부터 박찬호 선수도 '고민'을 하며 야구를 하게 됐다고 말했다. 성공적 조직 운영을 위해 리더에게 필요한 두 번째가 그래서 '질문하기'다.

질문의 중요성과 방법에 대한 이야기는 워낙 많지만, 질문을 던지는 리더의 마음가짐에 대해 얘기해보자. 당신이 리더라면, 구성원에게 질문을 던질 때 어떤 생각을 하는가? 혹시 질문을 통해 참여시키는 게 필요하다고 하니 일종의 요식행위로 묻진 않는가? 답 정녀이면서 괜히 듣는 척하고 있진 않은가? 기껏 던진 질문에 구성원이 제대로 된 답을 주지 않는 이유가 여기에 있다. '얘기해봐야 결국 본인 생각대로 할 거면서…'라는 일종의 패배감을 느껴서다. 그래서 질문을 통해 진짜 가치를 얻어내려면 리더부터 마음의 벽을 허물어야 한다. 본인의 아이디어보다 구성원이 제시하는 아이디어가 더 좋을 수 있다는, 인식의 전환이 필요하다. 질문하는 행동이 중요하지 그 안에 깔린 내 의도가 뭐가 중요하냐고 반문할지도 모른다. 하지만 구성원은 생각보다 훨씬 예민하다. 리더가 던진 말 한마디는 물론 얼굴 표정, 사소한 몸짓 하나에도 의미를 부여한다. 그리고 자신의 대답에 진심으로 귀를 기울여주는 리더의 진정성에 반응한다.

작은 변화가 모여 개인의 발전, 조직의 성장이 이뤄진다.

Essential tip

글을 쓰는 내내 머리에 한 사람이 계속 맴돌았다. 바로 나 자신이다. 나는 얼마나 스스로를 잘 알고 있는지, 얼마나 그들 관점에서 설명하고 공감하고 있는지, 진짜 질문을 하고 있는지 말이다. 우리 스스로를 한번 되돌아보자. 곧 리더가 될 현재의 구성원들도 생각해보자. '내 리더는 문제가 많아'라는 생각이 아닌, '나의 현재'는 어떤 모습인지. 그리고 나는 어떤 리더가 될 것인지를 말이다. 자신을 객관적으로 돌아보고, 진정으로 상대의 생각을 구하는 질문을 하는 것이 팀을 성공적으로 이끄는 리더의 자세다.

구성원의 스트레스가 줄어들면
리더에게도 이득이다

회사에서 일을 하는 건 힘들다. 그 중에서도 성과 달성에 대한 압박이 스트레스의 큰 원인을 차지한다. 구성원의 스트레스를 줄여주겠다고 "성과 달성을 하지 않아도 되니까 즐겁게 일합시다!"라고 할 순 없다. 그렇다고 스트레스에 지쳐가는 구성원을 나 몰라라 해서도 안 된다. 그래서 성과를 만들어 가는 과정에서 최소한 해줄 수 있는 건 뭘까 고민이 필요하다. 구성원이 언제 스트레스 지수가 높아지는지를 알고 그 상황을 줄여보자. 스트레스 호르몬이 언제 분비되는지를 연구한 실험에서 그 힌트를 찾을 수 있다.

첫 번째, 새로운 환경이다. 실험쥐를 익숙한 곳에서 꺼내 새로운 곳으로 넣는다. 기존 공간과 크게 다르진 않았다. 그들을 위협할 강력한 적이 생긴 것도 아니다. 그저 공간이 달라졌을 뿐임에도 스트레스 지수는 높아진다. 구성원 역시 마찬가지다. 일을 하다 보면 수

많은 새로운 일이 생긴다. 리더의 아이디어로 인한 새로운 과제일 수도 있고, 더 상위 조직의 뜻에 의한 새로운 업무일 수도 있다. 뭐가 됐든, 구성원 입장에선 새롭다.

다시 말하지만 그게 쉽고 어렵고는 중요하지 않다. 일이 '다르다'는 것 자체가 원인이다. 하지만 많은 리더가 이를 그렇게 새롭다고 생각하지 못한다는 것에 문제가 있다. 왜? 리더의 정보 레이더와 구성원의 그것이 다르기 때문이다. 아무래도 리더는, 특히 권한이 더 많은 상위 조직의 리더는 듣는 양이 다르다. 최근 조직에서 어떤 사업 방향이 논의되고 있는지, 조직 구조는 어떻게 바꿀 계획인지, 신규 프로젝트의 진행 여부는 어느 정도의 확률로 준비 중인지 등 여기저기서 정보를 들을 기회가 많다. 그래서 실제 어떤 이슈가 생기면 '아, 저번에 얘기했던 걸 지금 한다는 거구나'라는 생각을 할 수 있다. 하지만 구성원은 다르다. 실제 구현될 확률이 10퍼센트짜리든 90퍼센트짜리든, 들을 기회가 제한적이다. 결국 100퍼센트 내 일이 됐을 때에야 비로소 상황을 접할 때가 많다. 그래서 '너무' 새로운 일이 많고, 그 일들 앞에서 스트레스가 생긴다.

그럼 이를 줄이려면 어떻게 해야 할까? 새로운 일을 만들지 않는다는 식의 하나 마나 한 희망은 갖지 말자. 조직의 성장을 위해 도전과 변화는 피할 수 없다. 필요한 것은 리더의 빠른 움직임이다. 실행이 결정된 일이든 그렇지 않은 일이든, 정보를 공유해야 한다. 앞에서 말한, 리더의 레이더망에만 걸린 조직 차원의 다양한 움직임을 빨리빨리 전달해 구성원의 레이더에까지 넣어줘야 한다. 특히나 구성원의 업무 변화와 연결되는 일이라면 더더욱 말이다.

이렇게 말하면 어떤 리더는 반문한다.

"아직 어떻게 될지도 모르는데 괜히 말을 꺼냈다가 뒤집어지면 어떻게 하느냐?"

맞는 말이다. 그래서 또 다른 조건이 필요하다. 지금 전달하는 상황이 달라질 수 있다는 것까지 알려야 한다. 복잡한 세상에서 정답은 누구도 모른다. 리더인 내가 내리는 지시와 결정이 답이라는 생각을 버리자. 자고 일어나면 180도 다른 견해가 튀어나오는 세상이다. 어떻게 달라질지 모르는 상황이라면, 불확실한 정보라도 나눠서 구성원을 새로움에 대한 스트레스에서라도 벗어나게 해주는 게 낫지 않을까? 기억하자. 스트레스는 정보가 많아서가 아닌, 아는 게 없는 새로움 때문에 생긴다는 것을.

두 번째 상황은 조금 복잡하다. 새로운 환경에 익숙해졌을 때, 일정한 전기 자극을 준다. 예상하다시피 전기 자극이 오면 쥐의 스트레스 지수는 확 높아진다. 그런데 그 자극에도 적응이 된다. 어느 시점이 지나면 전기 자극이 와도 별 변화가 없다. 이때 실험자가 또 다른 설계를 한다. 일정한 시기에 가해지던 전기 자극의 타이밍을 제멋대로 바꿔버리는 것. 그러자 쥐의 스트레스 지수가 갑자기 높아졌다. 예측하고 대비하던 일이 아닌, 사건이 언제 벌어질지 모른다는 불안감이 스트레스에 영향을 주는 것이다. 이렇듯 예측할 수 없는 상황이 스트레스의 원인이 된다.

조직은 어떨까? 리더는 싫든 좋든 구성원에게 '전기 자극'과 같은 충격을 주는 사람이다. 이를 좋은 말로 표현하면 '피드백'이고, 구성원 입장에서의 솔직한 단어로 하면 '잔소리' 혹은 '질책'이다. 실험에서도 나타났듯이 질책은 구성원의 스트레스를 높인다. 하지만 더 중요한 것은 질책하는 시기의 일관성이다. 다시 말해 예측할 수 없는 피드백이 구성원의 스트레스를 높인다는 뜻이다. 다음의 상황을 보자. 리더가 구성원에게 다음과 같이 지시한다.

> "다음 주까지 영업 개선안 보고서를 정해서 가지고 오세요."
> 주어진 시간은 일주일. 구성원은 나름의 시간 계획을 세우고 일을 시작한다. 그런데 일을 시킨 다음날 출근하자 마자 리더가 묻는다.
> "어떻게 되고 있죠?"
> 질문을 받은 구성원은 짜증이 난다. 어제 일을 시켜놓고 뭐가 얼마나 됐길 바라는지 모르겠다는 마음이다. 이때 리더는 일을 시작할 때 막히는 게 뭔지, 뭘 도와줄 수 있을지 선한 의도에서 물었을 것이다.
> 하지만 구성원의 해석은 안타깝지만 다르다. '간섭하는 상사'로 인한 스트레스만 쌓일 뿐이다.

그래서 필요한 게 사전 협의다. 일을 시킬 때 "알아서 해보세요"라는 건 지시가 아니다. 일을 그냥 '던져버리는 것'이다. 한 대기업 고위임원으로부터 들은 이야기다. 일을 시키면 대부분의 구성원은 "네, 알겠습니다" 한마디하고 자리를 뜬다고. 이때 그 임원은 구성원을 붙잡고 묻는다고 한다. "어디 가? 어떻게 할지 설명을 해줘야지." 어떤 자료를 참고할 것인지, 중간 보고는 언제 할지, 아웃풋은 어떤 형식과 수준으로 정리할 것인지 등 상사인 본인이 기대하는 내용을 구성원과 사전에 맞춘다고 했다. 이게 있어야 앞에서 말한 '예측 가능한' 피드백이 가능해진다.

이와 함께 중요한 게 피드백의 일관성이다. 가상의 리더 한 사람을 떠올려보자. 그는 다혈질이다. 구성원이 갖고 온 결과물이 성에 차지 않을 땐 막말과 함께 손에 잡히는 걸 집어 던지기도 한다. 이런 리더가 상사라면 어떤 기분일까? 실제 이런 리더와 함께 일하는 구성원 이야기를 들은 적이 있다. 무섭다고 했다. 하지만 또 아무렇지 않다고도 했다. 왜? 언제 그분이 야수로 돌변할지 알기 때문이란다. 결국 이것 역시 핵심은 예측 가능성이다. 무섭냐 안 무섭냐가 중요한 게 아니다. 언제 무서울지 알고 있으면 대비가 가능한 법이다.

세 번째 상황은 이렇다. 쥐를 두 그룹으로 나누고 하나의 그룹에만 전기 충격을 멈출 수 있는 버튼을 준다. 그럼 예상하다시피 자신들이 충격을 통제할 수 있는 집단이 스트레스를 덜 받는다. 하지만 중요한 건 그 다음이다. 버튼의 기능을 망가뜨려 실험을 이어간다.

결과는? 버튼을 누르는 것이 아무런 효과가 없는 그룹 쥐들의 스트레스 지수는 여전히 낮았다.

이 실험이 조직에 주는 메시지는 명확하다. 구성원에게 결정권을 주라는 것이다. 이를 위해 필요한 게, 수많은 리더십 이론에서 공통적으로 강조하지만 쉽게 실천하지 못하는 '권한위임'이다. 위임이 쉽지 않은 이유는 두 가지인데 먼저, 리더가 조직에서 벌어지는 업무를 정확히 파악하지 못하기 때문이다. 이렇게 말하면 많은 리더들이 반문할지 모른다.

"우리 팀에서 어떤 일을 하는지 난 다 알고 있는데요?"

여기서 말하는 '안다'는 의미는 그 일이 무엇이냐가 아니다. 해당 업무가 어떤 난이도인지, 어느 정도의 중요성이 있는지 등을 분석적으로 파악해야 한다는 뜻이다. 그저 '하는 일이 많으니 바쁘겠네'라고 생각하는 게 아니라 개별 구성원이 얼마나 어렵고 중요한 과제를 수행하고 있는지를 알아야 한다. 이렇게 일의 속성을 알아야 리더가 권한을 위임해 자율적으로 처리하게 해줄지, 좀 더 꼼꼼히 챙기며 더 나은 결과를 내도록 코칭할지 판단할 수 있다.

두 번째 이유는 리더가 구성원 개개인의 역량 수준을 잘 몰라서다. 어떤 직원에겐 어려운 일이 다른 직원에겐 식은 죽 먹기일 수 있다. 이는 연차의 문제도, 직급의 문제도 아니다. 각자 갖고 있는 강점은 다 다르다. 이를 업무와 연결 지어 제대로 파악하고 있을 때, 구성원의 능력에 맞는 일을 주고 그 업무 처리에 대한 자율권도 줄 수 있다. 하지만 안타깝게도 "조직원 각자의 강점이 뭔가요?"라고 리더에게 물었을 때 답을 술술 말하는 이는 거의 보지 못했다. 뭘 잘하는지 모르는데 권한을 줄 수 없는 건 어쩌면 당연하다.

　조직에선 누구나 일을 해야 한다. 그리고 일은 힘들다. 하지만 최소한 '내가 결정권을 갖고 할 수 있는 일이다'라는 인식을 갖느냐 그렇지 않느냐에 따라 힘듦의 강도는 달라질 수 있다. 그래서 리더의 권한위임이 중요하다.

구성원이 안정적인 환경 속에서 스트레스를 안 받고 각자의 업무에 집중할 때 조직의 성과는 높아지게 마련이다. 그래서 리더는 그들의 스트레스를 줄여줄 의무가 있다. 그리고 이 모든 노력은 결국 나 자신을 위한 것이다.

Essential tip

정보 공유를 통한 낯섦 줄이기, 예측 가능한 피드백을 통한 심리적 안전감 주기, 권한 위임을 통한 자율성 높이기 등 리더는 참 할 일이 많다. 이렇게 구성원 스트레스 관리까지 해줘야 한다니 억울한 생각이 들지도 모르겠다. 그런데 다시 한 번 생각해보자. 리더가 이런 노력을 해야 하는 이유가 뭘까? 리더가 언제 스트레스를 받는지, 혹은 언제 즐거움을 느끼는지를 생각해보면 답이 나온다. 구성원의 즐거움이 곧 자신의 즐거움으로 돌아온다는 것을 명심하자.

팀의 시너지를
최고로 높이는 방법

프로스포츠는 선수를 스카우트해 전력을 보강하고 좀 더 나은 성
적을 기대한다. 하지만 안타깝게도 현실에선 이런 기대가 깨질 때
가 많다. 이유는 간단하다. 스포츠는 개인이 아닌 팀의 힘이 중요하
기 때문이다. 아무리 우수한 스타 플레이어 한 명을 영입해도 그 선
수가 팀에 제대로 녹아들지 못하면 팀이 좋은 성적을 내기 힘들다.
기업도 마찬가지다. 뛰어난 인재 한 명이 들어왔다고 그 팀이 갑자
기 최고의 팀이 되진 않는다. 오히려 스타플레이어가 없이 끈끈한
조직력을 갖춘 팀이 더 나은 성과를 낼 때도 있다. 시너지를 최고로
높이려면 알아야 할 원칙들을 보자.

시작은 상대에 대한 관심

가까워지고 싶은 상대가 있다면 어떻게 행동하는가? 상대가 뭘 좋아하는지, 요즘 관심사는 뭔지, 무슨 이야기를 좋아하거나 싫어하는지 등 시시콜콜한 것까지 관심을 갖는다. 그리고 그것에 자신을 맞춘다. 갑자기 사랑 이야기를 하는 이유는, 조직 내 인간관계에서도 이런 마음가짐이 필요하기 때문이다. 그렇다고 직원들끼리 연애하란 말이 아니다. 자신의 본모습을 버리고 아부하라는 것도 아니다. 상대에 대한 개인적 관심을 통해 업무적 특성을 파악해두라는 뜻이다.

어차피 일은 각자가 하는 건데 서로에게 관심을 갖고 친해지는 게 뭐 그리 중요하냐고 생각할지도 모르겠다. 그런데 이건 단순히 친하고 안 친하고의 문제가 아니다. 〈1박 2일〉을 국민 예능으로 만들고, 이후에도 '꽃보다' 시리즈, 〈삼시세끼〉 등으로 연예인만큼 유명한 나영석 PD. 그가 인터뷰에서 이런 말을 했다.

"저 친구는 어떤 성향인지, 뭘 좋아하고 싫어하는지, 편견이 심한지 그렇지 않은지, 판단은 믿을 만한지 등등, 스태프들의 캐릭터를 파악하고 있어야 합니다."

여기까진 누구나 생각하는 이야기다. 중요한 건 그다음이다.

"어느 작가가 있는데 굉장히 트렌디하고 20대를 대변하는 코드를 확실히 가지고 있다고 치죠. 회의 중에 20대에 관련된 아이디어가 나오면 난 그 작가의 표정을 살핍니다. '쟤가 어떤 표정을 짓고 있지? 지루해하나? 아님 반짝반짝 관심을 나타내나?' 그들의 진짜 속마음을 휙휙 지나가는 반응이나 표정에서 읽어야 합니다. 그것을 판단의 근거로 삼는 경우가 많죠. 그래서 평소에 스태프들의 캐릭터를 파악해두는 것이 중요합니다."

상대에게 관심을 갖자는 게, 단지 '친해져서 마음 편하게 일하기 위해서'가 아니다. 그것이 조직의 성과와 연결되기 때문이다. 나 하나 잘나서 조직을 성공시키긴 어렵다. 그리고 조직의 힘이 제대로 발휘되지 않으면 나의 성공 역시 멀어진다. 결국 함께 뛰는 구성원이 얼마나 서로의 입장에서 뛰어주느냐가 핵심이다. 그러려면 일단 나를 성공으로 이끌어줄 구성원이 어떤 사람인지 알아야 한다. 그러기 위해서는, 충분히 봐야 한다.

내 옆의 동료는 어떤 부분에 강점이 있는지, 내 상사의 약점, 즉 힘들어 하는 영역은 무엇인지 답할 수 있는가? 시너지를 높이려면 상대의 강점을 적극 활용하고 반대로 그의 약점을 내가 채워줘야 한다. 이를 위해 필요한 것이 상대에 대한 관심이다.

함께 지켜야 할 원칙을 만들자

강 과장은 완벽주의자다. 그가 제출하는 보고서의 수준은 상당하다. 하지만 안타깝게도 매번 하루 이틀, 마감일을 넘긴다. 반대로 박 과장은 무슨 일이든 부딪혀 가며 문제를 풀어가길 원한다. 그러다 보니 상상하지도 못했던 번뜩이는 아이디어를 갖고 올 때가 많다. 하지만 새로운 것에만 집중하다 보니 완결성이 자주 떨어진다.

두 사람 중 누가 더 좋은 직원일까? 쉽지 않은 질문이다. 그래서 팔이 안으로 굽듯, 많은 경우 나와 비슷한 성향의 사람에게 정이 간다. 하지만 조직에서 정으로 판단해선 안 된다. 이때 필요한 게 바로 '워크웨이'다. 쉽게 말해 조직원들이 예외 없이 지켜야 하는 원칙과 기준이다. 여기에 좋고 나쁘고는 없다. 우리 팀이 처한 상황, 조직에서 기대되는 역할을 제대로 수행하기 위해 필요한 약속을 정하면 된다.

만약 팀이 새로운 마케팅 툴 개발 등 새로운 시도를 해야 하는 영업 부서라면 '도전적 업무 태도'가 필요할 것이고, 반대로 숫자를 다루는 부서라면 '시간 준수' 등 꼼꼼한 태도가 중요할 것이다. 그리고 이에 따라 구성원을 평가해야 한다. 이것은 리더의 특성보다도, 구성원 누군가의 개성보다도 앞선다. 이런 원칙 없이 각자 편한 방식으로만 일한다면 시너지는 커녕, 사공이 많아 배가 산으로 가는 일이 생길 수 있다. 그래서 힘을 한군데로 모으기 위해 원칙이 필요하다.

중요한 건 사전에 이를 구성원과 충분히 공유해야 한다는 점이다. 1년 내내 말 한마디 없다 "일할 때 시간 준수는 기본이지"라고 말하는 리더를 위해 구성원은 열심히 일하지 않는다. 회식 몇 번 참석하지 않은 걸로 "자네는 팀 화합을 해치는 직원이야"라고 말하며 나쁜 평가를 줘서는 안 된다는 뜻이다. 사전에 공유된 기준으로 서로의 업무 태도, 일하는 방식에 대해 피드백을 자연스럽게 주고 받을 수 있어야 한다. 그래야 팀원들이 가십 없이 업무에 집중해 시너지를 내는 문화가 이뤄진다. 이것이 공유된 업무 가치, 즉 워크웨이의 힘이다.

Essential tip

'조직이 조직으로' 존재하는 이유는 명확하다. 하나보다 나은 시너지를 내길 기대하기 때문이다. 이를 위해 내 동료들의 업무적 특성은 뭔지, 우리가 함께 지켜야 할 원칙은 있는지, 그것이 직급에 상관없이 모두 지키고는 있는지 등을 구성원들과 함께 고민해보는 시간이 필요하다. 조직의 힘이 결국 이를 이끄는 리더 나 자신의 힘이라는 걸 기억하자.

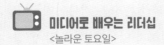

집단지성을 키우는
제도와 리더십

하루가 다르게 없어지고 새롭게 생기는 요즘 방송. 이런 상황에서 2018년부터 현재까지 여전히 예능의 '황금 시간대'인 주말 저녁을 지키는 프로그램이 있다. 변화의 속도가 빠른 케이블 채널 tvN의 〈놀라운 토요일(이하 놀토)〉 이야기다. 포멧은 심플하다. 노래를 듣고 출연자들이 정확한 가사를 맞추는 게 전부다. 그럼에도 이 프로그램이 꾸준한 인기를 끄는 이유가 뭘까? 그리고 우리는 여기서 뭘 배울 수 있을까?

집단의 힘을 끌어내려면

속도가 너무 빨라 알아듣기 힘든 랩이나 가수의 얼버무린 발음 때문에 정확히 들리지 않는 가사를 맞출 수 있는 비결은 출연자들의 '집단지성'이다. 출연자 중 누구도 자기 생각이 맞다고 확신하진 못한다. 하지만 모두가 '들은 만큼'은 쓴다. 얼토당토 않은 단어라도 다른 사람에게 힌트가 된다는 믿음 덕분이다. 그 단어가 초성 힌트가 되기도 하고, 비슷한 발음을 유추해 그럴 듯한 단어를 만들어 내기도 한다. 출연자 중 MC 역할을 하는 최고참 신동엽이라고 해서, 게스트로 유명인이 출연한다고 해서, 특혜를 받는 건 없다. 정답률이 높은 에이스 멤버가 놀라운 추리력으로 정답을 많이 끌어냈다 해서 그 의견에 항상 쏠림이 일어나지도 않는다. 누구든 참여하고 동등하게 의견을 낼 수 있기에, 지혜를 모으는 과정이 재미있는 것이다.

이런 모습이 조직의 '회의'에서 나타난다면 어떨까? 회의의 가장 높은 사람이 생각하기에 어처구니없는 제안이 누군가의 입에서 나온다면? 그분의 생각과 정반대의 아이디어가 나온다면? 아마도 그 회의 분위기는 얼음이 될 확률이 높다. 많은 조직에서의 회의는 윗분의 생각 맞추기일 때가 많아서다. 그래도 이런 모습을 무조건 잘못이라고 말할 순 없다. 조직 내 의사결정에는 비용이 들고 그만큼의 책임이 따르기에 무작정 "다 얘기해보자"라고 말할 순 없는 게 현실이다. 하지만 과거를 분석해 미래를 어느 정도는 예측할 수 있었고, 전략을 다듬어 실행 계획을 세울 수 있었던 때가 아닌 요즘에는, 조금은 달라져야 하지 않을까? 기업의 어느 누가 '코로나19' 사태를 예견해 미리 '마스크 생산'을 준비하고, '비대면 산업'의 급속한 확장을 전략적으로 분석할 수 있었을까?

결국 지금처럼 불확실성이 큰 시기에는, 가끔은 〈놀토〉처럼 어느 정도 '리더가 힘을 뺀' 회의도 필요하다. 한 명의 힘이 아닌 모두의 힘으로 만들어 가는 게 중요한 시기다. 하지만 이렇게만 말하면 너무 무책임하다. 집단지성이 자연스럽게 이뤄지게끔 하는 장치가 필요하다. 이를 '제도'와 '리더십' 측면에서 하나씩 알아보자.

① 보상 제도가 필요하다

제도 측면에서 필요한 건 '보상'이다. 〈놀토〉에서의 보상은 '음식'이다. 전국의 전통 시장에서 유명한 맛집을 찾아 그곳의 대표음식을 스튜디오에 가지고 온다. 스튜디오에 풍기는 음식 냄새에 출연자들은 군침을 흘리며 노래 맞추기에 집중한다. 이렇게 목표점이 있을 때, 특히 그것이 눈앞에 명확하고 생생하게 그려질 때 사람들은 더 몰입한다. 이때 개인이 아닌 전체가 함께 누릴 수 있는 보상을 설계하는 게 핵심이다. 〈놀토〉에서 정답의 개수에 비례해 음식을 나눠주지 않는다. 기여를 많이 했든 그렇지 않든, 같이 나누고 함께 먹는다. 이렇게 경쟁이 아닌 협력을 유도하려면 '공동 보상' 설계가 필요하다.

여기까지 생각하면 고민이 생긴다. 조직에선 '개개인'을 평가할 수밖에 없는데, 그럴 땐 어떻게 해야 할까? 두 가지 방법이 있다. 하나는 평가자의 역할도 '집단'에 맡기는 것이다. 리더 혼자서 구성원 개개인을 평가하는 게 아닌, 동료들끼리 기여도

를 측정하도록 한다. 〈놀토〉에서 함께 먹을 음식이 충분치 않을 때 "이 문제를 맞춘 건 00 덕분이니까 먼저 먹어"라고 하는 모습이 나오는 걸 생각하면 된다. 이때 인기투표가 되지 않도록 정확한 사실 기반으로만 피드백 하도록 이끄는 게 중요하다. 공통된 양식을 만들어서 평가자 개개인의 취향이 강조되지 않도록 하는 것

도 방법이다. 두 번째, 개인 평가는 개별 프로젝트나 업무가 끝났을 때마다 하는 게 아니라 '개인이 수행한 전체 업무'로 하는 것이다. 조직의 일은 수많은 업무의 집합으로 이뤄진다. 어떤 업무는 쉽고 어떤 건 난이도가 아주 높다. 그래서 구성원 개인이 참여한 업무를 전체적으로 살펴본 뒤에, 난이도의 높고 낮음에 따라 평가를 내릴 수 있다. 당연히 어려운 일에 많이 참여했고 동료 피드백에서 긍정적 의견을 많이 받은 직원에게 좋은 평가를 주면 된다. 프로그램 하나 하나에 인정과 보상을 하되, 연말 시상식에서 한 명을 뽑아 상을 주는 방송대상을 생각하면 쉽다.

② 집단지성을 끌어내는 리더십이 필요하다

보상과 함께 필요한 다른 하나는 리더십이다. 노래를 처음 들은 〈놀토〉 출연자들은 하나같이 '뭐야?'라는 반응이다. 도통 감을 잡지 못하는 사람들에게 제작진은 글자 수와 해당 소절 앞뒤 노랫말을 알려준다. 이를 토대로 추론이 시작된다. 그럼에도 실패를 한 뒤엔 '띄어 쓰기', '70퍼센트 속도로 듣기', '초성', '오답 수' 등 다양한 힌트를 선택할 수 있게 한다. 출연진은 필요한 상황에 맞는 힌트를 골라 정답에 점점 더 가까이 다가간다. 사실 〈놀토〉 초기엔 이런 힌트가 많지 않았다. 그럴 땐 가사 맞추기가 실패로 끝나기도 했다. 이 때문일까, 프로그램을 진행해나가며 새로운 방식의 힌트가 추가됐다. 프로그램 진행자인 붐의 트레이드마크를 살려, '붐카'라는 재미 장치를 넣어 어느 부분이 틀렸는지도 유추할 수 있게 만들었다.

이게 집단지성을 끌어내기 위한 리더의 역할이다. 답을 갖고 있더라도 그걸 일방적으로 주는 것이 아니라, 상황과 난이도에 맞는 지원을 통해 참여를 독려하는 것

193

이 필요하다. 리더의 지원은 크게 세 가지를 생각해볼 수 있다. 하나는 '감정적 지지'다. 업무가 많다고 하는 직원에게 "나 때는 더 한 일도…"라며 정신교육을 시킬 게 아니라, 설령 그 직원이 힘들다고 하는 게 이해되진 않더라도 "그럴 수 있겠다"라며 공감해주는 것이다. 어떨 땐 '리더가 나의 힘듦을 알아줬다'는 것만으로도 구성원은 만족할 수 있다. 구성원끼리 이런 문화를 만들도록 유도하는 것 역시 리더의 중요한 역할 중 하나다. 두 번째는 한발 더 나아가, '실질적 지원'을 해주자. A직원에겐 한 시간짜리가 B직원에겐 하루 종일 걸려도 안 되는 일일 수 있다. 이때 정보나 노하우를 서로 나누도록, 그래서 구성원이 업무 수행을 조금이나마 쉽게 할 수 있게끔 만들어 주자. 그래서 실질적 도움을 주고받을 수 있게 만드는 게 필요하다. 보고 라인을 간소화해주는 것처럼 '리더만이' 할 수 있는 지원 요소를 찾아 문제를 간단히 할 수도 있다. 그럼에도 문제가 안 풀릴 때가 있다. 그래서 마지막 세번째는 '직접하기'다. 말 그대로, 구성원이 하는 일에 직접 개입해 문제를 함께 풀어가는 것이다. 좀 더 적합한 직원에게 업무를 재분배하거나 어떤 경우엔 리더가 직접 그 일을 전적으로 맡아 책임질 수도 있다. 다른 사람의 성공 경험을 통해 배울 수 있다는 것을 인식시키는 것도 필요하다.

Essential tip

사람이 많이 모이면 집단지성은 생긴다. 하지만 그저 모아놓기만 했다고 항상 좋은 결론이 나오는 건 아니다. 집단의 힘을 제대로 느끼려면, 그래서 그걸 동력 삼아 불확실한 현재 상황을 헤쳐 나가려면, 우리 조직에는 어떤 장치가 필요할지 먼저 고민해봐야 한다.

큰 차이를 만드는
작은 변화의 힘

스몸비. 길을 걸을 때도, 자기 직전에도, 심지어 운전을 할 때조차 스마트폰을 손에서 놓지 못하는 사람들을 일컫는 말이다. 일종의 중독이다. 그런데 가만 생각해보면 십여 년 전만 해도 그저 서로의 소식을 묻는 전화기일 뿐이던 기계다. 그것이 우리 일상 가장 깊숙하게 스며든 데는 스티브 잡스의 역할이 가장 컸다. 손 안의 PC를 지향하며 시작된 스마트폰이 세상을 바꾼 것이다. 이에 대해 "역시 스티브 잡스는 천재적인 재능이 있다"고들 한다. 맞는 말이지만 과연 재능이 전부였을까? 알려졌다시피 잡스의 직장 생활은 우여곡절이 많았다. 자신이 만든 회사에서 쫓겨나기도 했고 기술이 부족한 회사라는 비아냥도 들었다. 하지만 결국 전에 없던 스마트폰 시장을 만들었고, 크게는 사람들의 생활 패턴까지 바꿨다. 남과 다른 성과를 만들어 내기 위해 우리는 무엇을 해야 할까?

시작은 - 생각을 바꿔라

조직에선 항상 '변화'를 외친다. 하지만 리더들이 아무리 요구해도 구성원들은 섣불리 뛰어들지 않는다. 그 이유가 뭘까? 열정이 부족해서? 아니면 능력이 모자라서? 아니다. 변화, 즉 기존과 다른 시도를 하면 그만큼 실패할 확률이 크기 때문이다. 안타깝게도 좀 더 도전적인 과제일수록 실패 확률도 높아진다는 것이 문제다. 도전에 따른 실패에 대한 안전장치가 없어서 우리는 도전하기 꺼린다. 결국 작은 변화의 시작은 구성원이 자연스럽게 도전할 수 있는 환경을 만드는 것이다.

그럼 어떤 환경이 필요할까? 시작은 생각의 변화다. 모든 성과는 실패의 과정이 쌓여야만 이뤄진다는 믿음이 필요하다.《노인과 바다The Old Man and the Sea》로 유명한 소설가 어니스트 헤밍웨이Ernest Hemingway가 말했다. "모든 초고는 쓰레기다." 아무리 유명한 작가라도 처음부터 완벽하게 쓸 순 없다. 수많은 시행착오를 거쳐야만 한 작품이 나온다. 조직에서의 일 역시 마찬가지다. 남이 해보지 않은 영역의 일을 하거나 지금껏 시도하지 않던 방법으로 일을 할 때는 실패 확률이 당연히 높아진다. 그래서 리더들은 이를 참고 기다려주는 게 필요하다. 리더와 조직의 인내심이 새로운 시도를 이끌고 그것이 쌓여 변화로 이어진다는 믿음이 필요하다.

무엇을 - 불편을 관찰하라

가습기를 쓸 때마다 물통을 갈아 끼우는 불편을 우리는 당연하게 여긴다. 하지만 이 모습에서 '왜?'라는 질문을 한 디자이너는 주전자로 물을 붓는 방식의 가습기를 만들었다. 가위는 잘 잘라지기만 하면 된다고 생각했다. 하지만 가위질 하는 사람의 '손'을 관찰한 디자이너가 오른쪽과 왼쪽이 다른 가위를 만들었다. 그 덕분에 지금 우리가 쓰는 가위의 표준이 바뀌었다. 식재료를 다듬기 위해 꼭 필요한 블렌더의 핵심은 잘 갈리는 모터라고 생각했다. 하지만 재료들이 좀 더 잘 섞이게 하기 위해 셰프들이 블렌더를 기울여 사용하는 걸 보고 '각도'에 집중한 디자이너 덕분에 용기가 10도 기울어진 제품이 나왔다.

작은 변화 하나지만 그 덕분에 압도적 제품을 만든 사례들이다. 그 시작에는 사람들에 대한 '관찰'이 있었다. '지금까지 아무 문제 없었잖아?'라고 넘기는 게 아닌, 관찰을 통해 해결해야 할 과제를 찾는 게 디테일 하지만 큰 변화의 시작이었다. 가습기 물통을 갈아 끼우는 모습에 문제를 제기하는 것, 가위질 하는 사람의 손놀림에서 불편함을 찾는 것, 블렌더를 쓰는 사람들이 느낄 답답함을 발견하는 것, 결국 모두 문제에 대한 관심과 관찰 덕분에 가능한 일이다. 제품을 사용하는 사람들이 느낄 불편함, 아쉬움은 뭘까를 끊임없이 묻고 봤기에 발전이 있던 것이다.

어떻게 - 상대 입장에서 생각하고 고민하라

결국 핵심은 상대 입장이 되어보는 것이다. 우리 제품이나 서비스를 이용하는 고객의 경험을 쭉 따라가며 작더라도 뭘 바꿔야 할지 고민해봐야 한다. 이는 세계적 디자인회사 IDEO가 문제를 해결하는 방식이다. '응급실 환경 개선'이라는 과제를 받고 이들이 가장 먼저 한 일이 직접 환자가 되어보는 거였다. 구급차로 실려와 초기 처치를 받고, 다음 진료를 기다리고, 병실로 옮겨지는 등 일련의 과정을 거치며 환자들이 느낄 불편함을 찾아냈다. 바로 '내가 처방을 제대로 받고 있는 건가?'라는 불안감이 핵심이었다. 바쁜 의사들에게 하나하나 묻고 답을 들을 수 없었기 때문이다. 그 결과, 전광판을 통해 환자 개개인의 치료 순서와 로드맵을 보여주는 솔루션을 만들어 냈다.

상대 입장에서 생각하는 작은 차이는 일할 때도 마찬가지로 필요하다. 예를 들어보자. 리더인 당신이 "고객사에 좀 보내라"며 구성원에게 자료 하나를 줬다. 이때 대부분의 구성원은 자료만 보내고선 할 일을 다했다고 생각한다. 하지만 일을 잘하는 직원은 자료를 보낸 뒤 당신에게 "자료 잘 보냈습니다"라고 보고한다. 그래야 일을 시킨 사람이 궁금해하지 않는다는 걸 알기 때문이다. 그런데 일을 진짜 잘하는 사람은 여기서 한 발 더 나아간다. 자료를 보낸 뒤 고객사에 연락해 자료를 받았는지 확인하고, 원하는 내용이 맞는지, 더 챙겨야 할 건 없는지도 묻는다. 그리곤 리더에게 와서 그 내용을 보고한다.

이렇듯 상대에게 필요한 것이 무엇인지, 굳이 말하지 않아도 알아서 고민해보는 게 작지만 큰 차이를 만드는 시작이다.

끝은 - 실패를 구분하고 장려하라

앞서도 언급했듯, 변화에는 비용이 따른다. 그래서 고객의 불편을 해결하기 위해 상대 입장에서 최선을 다해도 실패할 수 있다. 하지만 이를 질책하기만 하면, 그 조직은 제자리걸음일 수밖에 없다. 변화를 위해 필요한 것은 실패도 인정하고 다시 들여다 보는 문화다.

실패의 원인은 다양하다. 개인적 실수 때문일 수도 있고, 잘못된 업무 프로세스가 원인일 때도 있다. 이로 인한 실패까지 다 포용해야 한다는 것은 아니다. 이런 실패는 개선해야 하는 '해결 과제'다. 변화를 이끌기 위해 필요한 것은 '의도적 실패'를 장려하는 문화를 만드는 것이다. 의도적 실패란, 성공 여부에 대한 불확실성이 있지만 그러한 리스크를 안고서도 시도하는 것을 말한다. 예를 들어 테스트베드를 통한 시장 검증이다. 스타벅스가 '그린티 라테'를 우리나라에서만 시도해본 뒤 반응을 살피며 일본, 동남아 등으로 확대한 것이 그 예다. 이러한 테스트를 하는 목적은 '해당 프로젝트가 시장에서도 정말 통할까?'를 확인하기 위한 것이다. 하지만 여기서도 성공이란 결과를 얻기 위해 될 만한 곳에서만 테스트한다면 어땠을까? 우호적인 사람들만 모아놓고 의도적으로 긍정적 분위기를 만들어 결과치를 왜곡한다면, 정작 중요한 본경기에서 더 큰 실패를 맛볼 수 있다. 그래서 오히려 더 험한 곳에서 '제대로 깨져보는' 경험이 필요할 때가 있다.

의도적 실패의 기회를 일부러라도 만들어야 한다. 이것이 앞으로 있을 더 큰 실패를 막기 위한 예방주사라는 걸 알릴 필요도 있다.

Essential tip

세계 최고 수준의 영국 프리미어 리그에서 팀을 선두권으로 이끈 포체티노Mauricio Pochettino 감독은, 선수에게 잠시도 틈을 주지 않는 걸로 유명하다. 5-0까지 스코어가 벌어졌음에도 터치라인에 서서 선수들에게 지시를 내린다. 약팀을 만나 주전 선수들에게 휴식을 줄 수도 있는 경기에서도 에이스를 교체 투입한다. 혹자는 이를 '선수 혹사'라고 말하기도 한다. 하지만 이에 대해 포체티노 감독은 '존중'이라고 말했다. 승부의 추가 기울었다고 대충 경기를 하는 건 상대 팀은 물론 경기를 보러 온 관중을 존중하는 자세가 아니라는 의미다. 그래서 생각을 바꿔야 한다. 작은 것 하나까지 챙기는 자세는 '하면 좋은' 것이 아니다. '해야만 하는 것'이다. 그것이 우리의 고객, 그리고 나와 함께 일하는 동료를 존중하는 방법이다. 그리고 이것들이 쌓여 큰 차이를 만들어 낸다.

시간을 관리할 것인가,
시간에 관리당할 것인가

모두에게 하루 24시간이 주어진다. 그 시간 동안 어떤 사람은 10가지 이상의 일을 처리하고, 다른 사람은 한 가지도 제대로 처리 못한다. 물론 능력의 문제일 수도 있다. 하지만 비슷한 업무 역량을 가진 사람이라도 전혀 다른 업무 패턴을 보이기도 한다. 이를 두고 사람들은 "시간 관리의 문제"라고 말한다. 특히 "리더들은 시간 관리를 잘 해야 한다"고도 말한다. 그럼 궁금해진다. 시간을 잘 관리한다는 건 뭘 어떻게 한다는 걸까? 시간 관리에 성공하는 리더들은 남들과 달리 시간을 붙잡는 기술이라도 있는 걸까?

관리와 활용의 차이

많은 일을 제한된 시간에 잘 처리하는 것. 흔히 시간 관리라고 하면

201

떠오르는 생각이다. 그런데 과연 이게 시간 관리를 잘 하는 걸까? 이건 시간 활용을 잘한 것뿐이다. 비슷한 말 같지만 관리와 활용은 다르다. 시간 관리는 나의 선택으로 이뤄져야 한다. 나에게 떨어진 일을 처리하는 걸 넘어, 내가 무슨 일을 할 것인지를 고르는 게 진짜 시간 관리라는 의미다.

어떤 사람들은 '계획한 걸 다 이뤘다'는 걸 근거로 관리를 잘했다 하기도 한다. 물론 임무를 완수한 건 축하할 만하다. 하지만 단지 그 결과로 잘했다 할 순 없다. 곱하기를 배우고 있는 아이가 더하기 빼기 50문제를 다 맞췄다고 칭찬할 수 없는 것과 같은 이치다. 달성도 문제가 아닌, '어떤 난이도'를 고민했느냐가 관리의 또 다른 핵심이다.

그래서 특히 리더에게 필요한 시간 관리는 '중요하고 도전적인 과제에 얼마나 시간을 투자하느냐'의 관점에서 봐야 한다. 그럼 다시 질문이 생긴다. 중요하고 도전적 과제는 무엇일까?

우선순위 업무 찾기

시간 관리에서 가장 많이 언급되는 툴이 있다. 바로 아이젠하워 매트릭스Eisenhower Matrix다. 원리는 간단하다. 중요도와 긴급도, 두 함수가 기준이다. 그럼 총 네 가지 업무가 나온다. 첫 번째(I)는 중요하면서도 급한 일, 두 번째(II)는 중요하지만 급하진 않은 일, 세

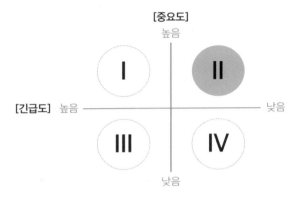

아이젠하워 매트릭스

[중요도]
높음

I   II

[긴급도] 높음 ————————————— 낮음

III   IV

낮음

번째(III)는 중요하진 않지만 급한 일, 마지막 네 번째(IV)는 중요하지도 급하지도 않은 일이다.

대부분 본인 업무 중 많은 일이 급하고도 중요한 일이라 생각한다. 이를 정확하게 제때 처리하는 건 중요하다. 네 번째인 중요하지도 급하지도 않은 일은 하지 않으려 애쓴다. 애매한 건 두 번째와 세 번째 일이다. 많은 사람은 일을 할 때 "급하니까"라는 말로 세 번째인 중요하진 않지만 급한 일에 시간을 쓴다. 그러다 보니 '중요하지만 급하지 않은 일(II)'이 우선순위에서 밀린다. 하지만 이게 조직 입장에선 잠재된 이익이 가장 큰 일이다. 장기적 성장을 위해 미리 고민해둬야 할 일이라는 뜻이다. 리더는 특히 이 영역에 의도적으로 시간을 써야 한다.

이런 유형의 업무를 찾기 위해서는 스스로에게 질문을 던져야

203

한다. 예를 들면, "만약 내가 한 달 동안 자리를 비워야 한다면, 내가 해줘야 할 가장 중요한 일은 뭘까?" 같은 질문이다. 그럼 나의 현재 업무를 대신 수행해줄 사람을 찾고, 이들과 내가 같은 그림을 그리도록 이끌어야 한다. 이를 통해 자연스럽게 구성원의 역량을 높일 수 있고, 권한 위임도 된다. 당장 성과를 내는 데 직접적 영향을 미치진 않지만, 조직의 장기적 성장을 위해 꼭 필요한 '급하진 않지만 중요한 일'인 셈이다. 이러한 우선순위 업무를 찾고 이에 집중할 수 있게 미리 시간을 잡아두는 것, 그게 리더가 할 시간 관리의 시작이다.

관리를 위한 조정

시간 관리가 잘 안 되는 사람의 또 다른 특징은, 일은 받는 게 너무 익숙하다. 자신의 능력을 과신해서일 수도 있고(실제 충분히 그런 능력이 있을 수도 있지만), 상대에게 No를 말하는 것이 껄끄러워서일 수도 있다. 하지만 조직에서 필요한 사람은 착한 사람보다 성과를 잘 내는 사람이다. 다시 말해 '착한 태도'가 성과 달성에 방해가 된다면 항상 바람직한 것은 아니라는 의미다. 그래서 일을 받을 때 쪼개보는 노력이 필요하다. 예를 들어보자. 구성원 모두 허덕일 정도로 바쁜데, 새로운 프로젝트가 주어진다면?

"저희 부서가 관련 프로젝트 경험이 있으니 맡기시는 거라고 생각됩니다. 그런데 지금 진행하고 있는 프로젝트 일정 때문에 이 일까지 진행하긴 어려울 것 같습니다. 혹시 저희 팀이 리딩은 하겠지만, 수행을 도와줄 다른 팀의 리소스도 투입해주시면 안 될까요?"

이게 시간 관리를 위한 요청법이다. 이에 대해 상위 리더가 "안 됩니다, 그 팀에서 다 해야 합니다"라고 한다면 어쩔 수 없다. 그럴 땐 데드라인 조정이라도 요청해보자. 많은 이들이 일을 하다 발을 동동 구르는 경우는 마감이 몰렸을 때다. 오늘까지 마쳐야 할 일이 두세 개 있다면 집중이 안 되는 건 당연하다. 시간 확보를 위한 노력을 통해 일이 몰리는 걸 리더는 조정할 수 있어야 한다.

물론 상사의 지시가 바뀌지 않을 순 있다(안타깝지만 그럴 확률이 더 높다). 하지만 그럼에도 요청은 해야 한다. 그게 '지금 우리의 상황이 쉽지 않다'는 것을 알릴 수 있는 유일한 방법이라서다. 그리고 이런 어필을 통해 당신의 상위 리더와 중요도를 맞추는 기회가 만들어질 수도 있다.

Essential tip

빌 게이츠는 아무리 바빠도 일 년에 한두 번, 일주일 이상 일상에서 벗어나 '마이크로소프트 Microsoft'의 미래 전략과 아이디어를 고민했다고 한다. 700달러짜리 고물 트럭에서 출발해 연 매출 2억 5000만 달러의 쓰레기 수거업체 '1-800-GOT-JUNK?'를 만든 브라이언 스쿠다모어 Brian Scudamore는 "매주 월요일 10시간은 전화, 이메일 확인도 하지 않고 남은 일주일을 어떻게 활용할 지 설계하는 시간으로 쓴다"고 말했다. 이렇게 하자는 말은 아니다. 아니, 하고 싶어도 할 수 없는 이상적인 꿈은 접어두자. 하지만 중요한 일에 집중하기 위한 시간을 미리 박아두는 것, 그리고 나의 계획 수립을 위한 시간을 요청하는 정도는 할 수 있지 않을까? 시간을 관리당할 것인지, 시간에 관리당할 것인지 선택은 본인의 몫이다.

현재의 업무 방식을 점검하자

리더는 항상 바쁘다. 쏟아지는 일을 정신 없이 처리하다 보면 어느새 퇴근 시간일 때가 많다. 그런데 가끔 이런 생각이 들기도 한다. '열심히는 하는데, 이게 잘 하고 있는 걸까?' 그래서 내가 하는 일이, 나의 업무 방식이 진짜 맞는지 확인하는 작업이 필요하다.

컨트롤 영역에 집중하기

우리 주변에는 수많은 사건이 벌어진다. 그리고 이러한 사건들 때문에 기분이 좋아졌다 나빠졌다를 반복한다. 어떤 사건은 나에게 생각지도 않은 큰 영향을 끼치기도 한다. 나에게 영향을 주는 다양한 외부 사건들, 어떻게 대응해야 할까?

본격적인 이야기에 앞서, 잠시 '지금 나를 힘들게 하는 상황' 다섯 가지만 생각해보자. 조직 내 상하 관계의 갈등, 동료와의 문제, 가족 관계에서의 어려움 등 뭐든 좋다. 펜이 있다면 잠깐 메모하자.

'Control 영역'과 'Out of control 영역'이라는 구분법이 있다. 내가 노력해서 결과를 바꿀 수 있는 일이면, 즉 결과를 통제할 수 있는 사건은 'Control 영역'의 일이다. 반대로 아무리 노력해도 결과를 바꿀 수 없다면, 통제 불가능한 'Out of control 영역'의 일이다.

예를 보자. 4년에 한 번 전 세계를 흥분시키는 올림픽. 내가 응원하는 선수가 금메달을 따길 원했지만, 안타깝게도 탈락한다. 이건 당연히 Out of control이다. 내가 아무리 노력한다 한들 그 결과를 바꿀 힘은 없다. 그럼 난이도를 좀 높여보자. '교통 체증으로 인한 지각'은 어떤가? 지각이 습관인 사람들은 어쩔 수 없는 외부 환경 탓을 하며 Out of control이라 생각하겠지만, 러시아워를 피해 1시간 일찍 나온다면 지각은 충분히 Control 영역에 들어올 수도 있다. 그럼 진짜 어려운 문제다. '자꾸 바뀌는 상사의 지시'는 어떤 영역일까? 이건 바꿀 수 없다. 내가 맞출 수 밖에 없는 문제다. 대신 이로 인한 문제를 최소화할 순 있다. 상사의 지시 내용을 확인하는 양식을 만든다거나, 중간 보고 횟수를 늘려 일이 커지기 전에 문제를 발견하는 식이다. 핵심은 '내가 어찌 할 수 없는 부분(교통 체증, 상사의 태도 등)'을 '내가 통제할 수 있는 영역(한 시간 일찍 나오기, 중간 보고 늘리기 등)'으로 바꾸는 것이다.

이를 돕는 Tool이 'Control Sheet'다. 사용법은 간단하다. 앞서

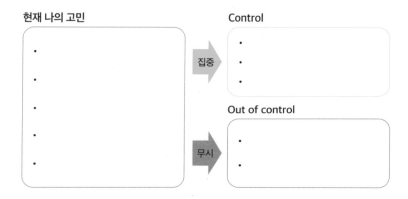

Control Sheet 활용 예

현재 나의 고민

Control

집중

Out of control

무시

생각해본 나의 다섯 가지 고민을 쭉 나열해보자. 그 중 내가 노력하면 바뀌는 부분을 Control 영역, 아무리 신경 써도 변화시킬 수 없는 것들을 Out of control로 옮긴다.

이때 두 가지를 생각해야 한다. 첫째, 직관적으로는 Out of control의 영역으로 보이지만 그것을 Control 영역으로 옮길 방법(앞에서 예로 든 '지각'이나 '바뀌는 상사의 지시 대응'처럼)은 없을지 생각해보자. 만약 그럴 수 있다면, 바뀐 고민을 Control 영역에 적는다. 둘째, 지금부터 Out of control 영역의 고민은 잊는 것이다. 이 문제들은 우리의 머리를 복잡하게만 할 뿐이다. 대신 모든 에너지를 Control 영역에 집중하자. 생각보다 간단하지 않은가?

멀티태스킹의 함정에서 벗어나기

막상 해야 할 업무를 찾아도 여기에만 집중한다는 건 쉽지 않다. 가장 대표적인 장애물이 '수시로 치고 들어오는 돌발성 업무'다. 생각이 깊어질 만하면 울리는 결재 요청 알림, 툭 하면 보고서를 갖고 들어오는 구성원들, "의견이 필요합니다"라며 수시로 호출되는 회의 등이다. 이럴 때 사람들은 '어쩔 수 없지'라고 한탄하며 생각을 끊고 당장 눈 앞의 일을 처리한다. 그러고는 "그래, 내 역할에서 멀티태스킹은 어쩔 수 없는 거야"라고 스스로를 세뇌시킨다. 하지만 뇌 과학자들은 우리 뇌는 절대 멀티태스킹을 할 수 없다고 말한다.

한 예능프로그램에서 이를 증명하는 재미있는 게임을 했다. 입으로는 대중 가요를 따라 부르고 손으로는 동요 가사의 빈 칸을 채우는 게임. 누구나 흥얼거릴 수 있는 동요였기에 그리 어려워 보이지 않았다. 하지만 결과는 완벽한 실패였다.

이처럼 우리 뇌는 한 번에 두 가지 일을 절대 같이 할 수 없다. 멀티태스킹에 대해 하버드대학교 에드워드 할로웰Edward M. Hallowell 박사는 "연구 결과, 멀티태스킹을 하는 사람들은 주의력 결핍장애와 비슷한 증상을 보이며, 일의 능률과 생산성이 더 떨어지는 모순에 직면하게 된다"고 말했다. 결국 일을 잘 해보겠다는 시도가 오히려 더 나쁜 결과로 이어지는 것이다.

그럼 어떻게 해야 할까? 일을 줄여야 할까? 안타깝지만 그러긴 힘들다. 결국 '많은 일을 하되 동시에 하지 않도록' 해야 한다. 그래

서 필요한 게 '스위치태스킹'이다. 일을 동시가 아닌, 순차적으로
해야 한다는 것이다.

방법은 크게 두 가지다. 먼저 '구성원 관리'다. 수시로 울리는 결
재 알림, 보고서 검토 요청 건 등을 관리할 때의 핵심은 '공개'다. 리
더의 시간을 구성원에게 투명하게 알리라는 의미다. 두 가지 유형
의 업무를 중심으로 공개하면 된다. 급하면서 중요한 일과 급하진
않지만 중요한 일이다. 전자는 결재와 보고 검토, 회의 등이다. 예
를 들어 "결재는 9시부터 10시, 3시부터 4시까지 집중적으로 할 테
니 가능하면 해당 시간에 올려주세요"라고 요청하는 것이다. 급하
면서 중요한 일을 처리할 시간을 알리면, 구성원을 리더의 시간 계
획 안에서 움직이도록 할 수 있다. 이와 함께 '1시부터 2시까지는
전략 고민을 위한 학습 시간' 같은 급하진 않지만 중요한 일의 시간
도 확보해 알리자. 그럼 최소한 구성원들도, 발등에 불이 떨어질 정
도의 급한 일이 아니면 해당 시간에 리더를 번거롭게 하진 않는다.
리더만의 '업무 집중 시간'이 확보되는 셈이다. 여기에는 리더의 시
간 관리 효과 외에 '현재 조직에서 중요하게 생각하는 업무'가 뭔
지를 자연스럽게 알릴 수 있다는 장점도 있다. 구성원이 리더, 조
직의 장기적 관심사를 함께 알 수 있게 되는 셈이다. 이때 내 업
무를 굳이 다 알려야 하냐는 불평이 생길 지 모른다. 하지만 리더
의 시간은 리더 본인만의 것이 아니다. 리더의 시간 때문에 구성
원의 성과 달성 여부가 결정될 수 있는 만큼, 본인의 시간을 공공

재 개념으로 받아들여야 한다.

두 번째는 외부 구성원으로 인한 '돌발 업무 관리'다. 다른 조직 구성원들까지 나의 시간 계획에 맞춰주길 바랄 순 없다. 이런 문제를 해결하려면, 현황 파악이 먼저다. 특정 기간, 예를 들면 일주일 동안 나의 업무 중 '갑자기 끼어드는 일'을 리스트업 해보자. 그리고 해당 업무들을 분류해야 한다. 나에게 벌어지는 업무의 속성이 크게 다르지 않기에, 몇 개의 카테고리로 구분할 수 있다. 내가 직접 처리해야 하는 일, 다른 사람에게 위임할 수 있는 일, 하지 않아도 될 일 등이다. 만약 돌발 업무 중 어쩔 수 없이 내가 직접 처리해야 할 속성의 일이 많다면, 그것을 위한 시간을 미리 확보해둬야 한다. 위임해도 괜찮을 성격의 업무들이라면, 담당자를 지정해 일을 돌려야 한다. 그렇게 생긴 시간에 리더는 다른 고민을 하는 게 더 생산적이다. 이에 앞서 가장 필요한 것은, 하지 않아도 될 일은 세련되게 거절하는 것이다. '많은 일을 하는 것'과 '일을 잘하는 것'이 같지 않음을 명심하자.

Essential tip

"열심히 하겠습니다!"라고 외치는 사람에게 던지는 말이 있다. "열심히 안 해도 되니 잘하기만 해주세요." 냉소적으로 들릴 수도 있지만, 사실 조직에선 이게 필요할 때가 많다. 양보다는 질이 중요한 법이다. 특히 리더는 본인뿐 아니라 조직의 질적 성장 관점에서 업무의 중요성을 판단해 교통정리를 해줘야 하는 책임이 있다.

긍정 마인드로
회복탄력성 높이기

조직에서의 일은 항상 힘들다. 이유가 뭘까? 업무량이 너무 많아서
일 수도, 해결하기 힘든 문제가 자꾸 나타나서일 수도 있다. 하지만
업무량은, 물론 거부당할 때가 대부분이지만, 상위 리더와 협의해
가며 풀어나갈 수도 있다. 내가 잘 모르는 분야의 일을 해야 할 때
는 나의 역량을 높이면 해결된다. 일이 힘든 진짜 이유는 나의 의지
를 벗어나는 상황이 자꾸 생기기 때문이다. 다음의 상황을 보자.

> 새로운 프로젝트를 맡게 된 당신. 조직 차원에서 중요하게 생각
> 하는 과제라 주말 근무도 해가며, 모르는 분야는 구성원들에게
> 적극적으로 묻고 도움을 받아가며 최선을 다해 계획을 세웠다.
> 그 덕분일까, 기획안이 무사히 통과되어 본격적으로 업무를 수
> 행할 때가 됐다. 여기까진 비록 힘은 들지만 할 만했다. 이때 전

화가 한 통 걸려왔다. 이번 프로젝트 진행에 꼭 필요한 협력업체 담당자가 이직을 하게 됐다며, 다음에 더 좋은 기회로 함께 일을 해보자고 말한다. 갑자기 머릿속이 하얘지며 뭐부터 시작해야 할지 막막해진다.

일을 하다 보면 주변에서 종종 볼 수 있는 모습이다. 이럴 땐 정말 맥이 탁 풀리면서 일하기 싫어진다. 그런데 그럴 때마다 일을 놓아버리면, 아무것도 할 수 없다. 이걸 이겨내야만 한다. 좀 더 솔직하고 냉정하게 말해, 이를 잘 이겨내 더 나은 결과를 만들어 내는 게 진짜 일을 잘하는 것이다. 심리학에선 이를 '회복탄력성'이라고 말한다. 그 사전적 의미는 역경이나 시련, 실패가 왔을 때 무너지지 않고 원래의 안정적 상태로 되돌아오는 능력을 말한다. '공'에 빗대어 보면 이해하기 쉽다. 유리로 만든 공은 높은 곳에서 떨어지면 그냥 깨지지만, 고무공은 세게 던지면 오히려 던진 위치보다 더 높이 튀어 오른다. 회복탄력성이 있다는 것은 고무공 같은 삶을 산다는 의미다.

내가 통제 또는 관리할 수 있는 상황보다 그렇지 않은 경우가 훨씬 더 많은 조직 생활에서 회복탄력성은 선택이 아닌 필수다. 그럼 궁금해진다. 업무 상황에서의 회복탄력성을 높이려면 무엇을 해야 할까?

다음 질문에 답해보자.

Q. 예상치 못한 추위가 닥쳤다. 이때 머릿속에 다음 두 문장 중
   어떤 말이 더 먼저 떠오르는가?
   1. 갑자기 추워진 것 때문에 아침 출근길이 너무 힘들어!
   2. 갑자기 추워진 덕분에 출근길에 정신이 번쩍 드네.

만약 2번이 먼저 떠올랐다면 당신의 회복탄력성은 희망적이다. 추위에도 굴하지 않는 의지력 때문이 아니다. 바로 '덕분에'라는 키워드 덕분이다.

이를 제대로 보여준 연예인을 한 TV프로그램에서 본 적이 있다. 〈미스트롯2〉에서 우승을 차지한 가수 양지은이 예능 프로그램에 출연해 이렇게 말했다.

"어릴 때 중이염을 심하게 앓아서 왼쪽 귀 청력이 없어요."

그리고는 이렇게 덧붙였다. 자신은 왼손잡이 오른손잡이가 있듯이 귀도 마찬가지인 줄 알았다고 말이다. 많은 사람이 "어떻게 그렇게 지냈냐?"고 매우 안타까워했지만 이 상황에 대한 그의 답변이 더 놀라웠다.

"입안에서 울리는 진동도 잘 느끼고, 발음을 뚜렷하게 하려고 연습한 덕분에 딕션(발음)이 좋아졌어요."

한쪽 귀가 안 들려도 장점이 있다는 것이다. 이렇게 흔치 않은 장애를 '탓'하기보다 그 '덕분에' 좋아진 것을 생각하려고 노력하는 것, 이게 회복탄력성의 핵심이다.

조직에서 벌어질 수 있는 상황으로 설명해보자. 글을 시작하면서, 조직에서 일이 힘든 것은 '나의 의지'를 벗어나는 상황이 생길 때라고 설명했다. 예를 들어 동료 리더에게 갑자기 사정이 생겨서 그 업무까지 내가 맡게 됐다면 어떤 기분이 들까? 가뜩이나 일도 많은데 그 사람 '때문에' 내가 더 힘들어지겠다는 생각부터 떠오른다. 이게 당연하다. 그런데 회복탄력성이 높은 사람은 놀랍게도 그 동료 '덕분에' 기존에 해보지 않았던 영역에 관심을 갖게 됐다고 생각한다. 이처럼 '때문에'가 아닌 '덕분에'를 떠올리는 것, 이게 개인이 회복탄력성을 높이기 위해 가장 먼저 시도해야 할 일이다.

쉽지 않은 상황에 '덕분에'를 떠올린다는 것, 물론 어렵다. 이런 마인드를 가지려면 감사하는 마음이 필요하다. 작은 것에도 감사함을 갖는 것이 회복탄력성을 높이는 데 매우 중요하다. 기존처럼 생각하고 보던 대로 행동하면 이 세상은 불평할 것 투성이다. 하지만 조금만 생각을 바꿔보면 어떨까? 잠에서 깨어나 힘든 출근길을 나서야 하지만, '나를 찾아주고 해야 할 일이 있다는 것'은 감사한 일 아닐까? 나에게 '동료의 빈자리를 채워줄 만한 역량이 있다는 것' 역시 감사해할 수 있다. 의무적으로 해야 하는 '일'이지만, 그것 역시 어떻게 바라보느냐에 따라 고마운 게 될 수 있다.

감사할 줄 아는 마음을 갖고 싶다면, 추천할 만한 루틴이 있다. 바로 '일기쓰기'다. 오늘 하루 감사할 일이 뭐가 있었나 생각해보고 기록하는 것이다. 처음에는 어려울 수 있지만 의도적으로 찾고자 하면, 그래서 이를 기록하면 신기하게도 더 많은 게 보인다. 바로 '컬러 배스 효과' 덕분이다. 특정 색에 집중하면 그 색을 가진 물건들이 더 많이 보이는 현상을 말한다. 내 스스로 감사할 일을 찾다 보면 그런 게 더 많이 보이고, 의식적으로 그러한 행동을 더 많이 하게 되지 않을까? 덕분에 주변 사람들 역시 감사의 영향을 받을 테니 더할 나위 없이 좋은 변화다.

Essential tip

무조건 현재에 만족하고, 세상을 아름답게만 보라는 게 아니다. 회복탄력성이 높은 사람은 지금의 상황에 만족하며 그냥 그렇게 지내는 게 아니라, 현재의 긍정적인 면에 집중하면서도 더 높은 곳으로 오르기 위해 애쓰는 사람이다. 하루하루를 '버티며' 살아가는 우리에게 위기나 역경은 참 싫다. 하지만 피할 수만도 없는 게 현실이다. 이왕 부딪혀야 한다면, 와장창 깨지기보다는 덜 아프게 튀어 오르는 게 낫지 않을까? 나의 행복을 위해서라도, 스스로의 회복탄력성을 한번쯤 되돌아보는 게 좋다.

구성원을 대나무숲에 보내지 않으려면

회사에는 다양한 성향의 사람이 모인다. 제각각 다른 이들이 공통 목표를 향해 달려가야 좋은 성과를 낼 수 있다. 그래서 많은 회사가 '조직문화'를 강조한다. 일을 많이 하는 문화를 말하는 게 아니다. 조직문화에 정답이 있는 것도 아니다. 다만 확실한 건, 리더는 동료와 '함께' 일하는 것이 불편하지 않게 만들어 줘야 한다는 것이다. 그래야 같이 일하는 조직으로서의 의미가 있다.

이를 위해 가장 필요한 게 소통이다. 나의 생각을 솔직하게 말할 수 있는, 그리고 그것을 경청해주는 문화다. 하지만 많은 조직의 구성원과 리더를 만나봤지만 "우리 회사는 소통이 정말 잘 됩니다"라고 자신 있게 말하는 이는 없었다. 대신 '대나무숲'을 찾아가는 직원은 많이 봤다. 본인의 신분이 드러나지 않는 익명 게시판이나 외부 SNS 등에 불만을 털어놓는 것이다. 그게 의도치 않게 큰 문제를 낳기도 한다. 직원의 이야기를 들어야 하는 조직, 하지만 내부에선 입을 닫아버리는 구성원. 이들이 대나무숲에서 돌아오게 하려면 뭘 해야 할까?

구성원이 솔직하게 말 못하는 이유

리더의 입장을 들어보자. 이들은 이렇게 하소연한다.

"하고 싶은 말이 있으면 직접 하면 되지, 왜 밖에서 저렇게 얘기할까요? 충분히 들을 준비가 돼 있는데도 말하지 않으니 너무 답답합니다."

문제가 있을 땐 직접 맞서는 게 가장 빠르고 정확하다. 하지만 그럴 수 없는 구성원의 입장도 이해해야 한다. 회사가 싫든 좋든, 구성원에게 이곳은 안정적인 월급을 주는 곳이다. 이처럼 힘을 가진 회사와 나쁜 관계가 되는 걸 원하는 사람이 있을까? 그러니 솔직하게 말하지 못하는 게 당연하다. 회사와 한마음이 되진 못해도 적이 될 필요는 없다고 생각하지만, 가만 있으면 터질 것 같으니 밖에 있는 대나무숲을 찾아가는 것이다.

이런 아쉬움을 말하는 리더도 있다. "불만만 말할 게 아니라, 진짜 원하는 게 뭔지 해결책도 같이 말해주면 좋겠습니다. 회사는 그게 합당한 거라면 들어줄 수 있으니까요."

대안도 없이 반대만 하는 사람은 같이 일할 때 짜증난다. 하지만 이것 역시 구성원 입장에서 당연하다. 해결책을 잘 모르겠지만 지금 이 상태는 또 아니라 생각되니 문제제기라도 하는 것이다.

결국 그 솔루션을 찾는 것이 리더와 조직의 몫이다. 조직의 리더도 찾아내지 못하는 방법을 구성원에게 내놓으라고 하는 건 과도한 기대다.

그렇다고 소통을 포기할 순 없다. 구성원과 제대로 소통하려면 어떤 노력이 필요할까? 말하기에 앞서 구성원이 고민하는 두 가지에 대한 해결책을 만들어 줘야 한다.

첫째, "회사에 대해 불만이 있으면 편하게 얘기하라"는 말을 들은 구성원 머릿속에는 이런 생각이 떠오른다. "내가 솔직하게 문제를 말해도 될까?" 후폭풍이 두렵다. 본인이 입을 여는 순간 '누가' 그런 문제를 일으켰는지에 대한 조사가 시작되진 않을지, '왜' 빨리 말하지 않고 지금까지 그냥 뒀는지 등 파고들어갈 거라는 생각이 들어 입을 닫게 된다. 다시 말하면 조직 내 '심리적 안전감'이 없다는 의미다.

그래서 리더는 과거에 집착하지 말고 앞으로의 미래를 중심으로 생각하고 들어야 한다. 이를 위해 필요한 건 질문이다. "그게 왜 문제라고 생각해요?" 같은 식은 위험하다. 상대 입장에선 공격받는다고 느낄 수 있어서다. 예를 들어 "어떤 부정적 영향이 있어서 특히 그게 문제라 여겨지나요?"처럼 Why가 아닌 How나 What을 활용한 질문이 좋다. 개인적 불만이 아니라 조직이나 사람들에게 미치는 영향력에 집중하는 것이 필요하다. 한발 더 나간다면 "이를 해결하기 위해 무엇이 달라져야 할 것 같나요?"라고 물어볼 수 있다. 상대가 바라는 이상적 모습을 함께 생각해보는 것이다. 하지만 거창한 답을 기대하진 말자. 그걸 고민하는 건, 앞서 설명했듯 리더와 조직의 몫이다. 구성원이 회사가 더 나아지기 위해 강해져야 할, 현재의 '약점'을 짚어준 것에 대해 고마워하자.

둘째, "말한다고 정말 달라질까?"라는 생각이다. 만약 회사에 이런 생각 때문에 말하기를 주저하는 구성원이 많다면, 해당 조직의 리더는 반성해야 한다. 이 생각을 하기까지 구성원이 나름 '이미' 많은 시도를 해봤지만 소용없다는 경험을 했을 확률이 높다. '계란으로 바위치기' 심정이 드니 더 이상 계란을 던지지 않기로 결정한 셈이다.

이런 조직은 구성원이 '성공'을 경험하게 해주자. 그들이 제안한 것이 회사 정책에 반영돼 문화가 바뀌어가는 걸 보여줘야 한다. 이렇게만 설명하면 어떤 이는 '이왕 구성원 얘기 듣는 걸 기회 삼아 대대적인 변화를 주자'고 생각한다. 일종의 컨벤션 효과를 노리는 것이다. 이런 시도와 변화가 짧은 시간에 일어날 수 있다면 좋겠지만, 변화는 대부분 어렵다. 여러 부서, 다양한 직급의 이해관계가 얽힐 수밖에 없어서다. 그러다 보면 조직문화를 바꾸려는 시도는 당장 급한 현업에 밀린다. 그렇게 잊혀질 확률도 커진다.

그래서 너무 거창하게 생각할 필요가 없다. 작은 변화도 충분히 의미 있다. 다만 눈에 보이고 몸으로 느껴지는 게 필요하다. 그렇다고 수평적 조직을 만들겠다고 직급체계를 바꾸거나 호칭을 통일하는 등의 시도는 어렵다. 대신 회의 때 '리더 혼자 주도하지 않는다' 같은 식의 행동 약속을 정하고 실천하는 것은 상대적으로 어렵지 않다. 이런 변화가 구성원의 제안으로 시작되었음을 공표하는 것도 필요하다. 의도적으로 티를 내야 구성원도 변화를 체감할 수 있기 때문이다.

함께 고민해보자, 우리 조직은 무엇을 듣고 어디서부터 작은 변화를 만들어볼 수 있을까?

Essential tip

구성원이 바라는 걸 들어줄 수 없을 때는 어떻게 해야 할까? 답은 심플하다. "여러분의 제안을 충분히 듣고 검토했는데 현재로선 반영하기 힘듭니다"라고 솔직히 밝히는 것이다. 이때 구성원 입장에선 허탈할 수 있지만, 그들은 원했던 걸 얻지 못했을 때보다 피드백이 없을 때 더 속상하다. 모두가 실리콘밸리 기업 같은 조직문화에서 일하길 바라는 건 아니다. 그렇게 해줄 거라 기대도 하지 않는다. 다만 회사에서 주는 정보가 없을 때 '왜 안 해주는 거지? 우리 의견을 듣기는 하는 건가?'라는 아쉬움이 생긴다. 조직은 해줄 수 없는 이유가 있을 테니, 그걸 솔직하게 밝히면 된다. 나아가, 어떤 조건이 바뀌면 혹은 상황이 달라지면 그 제안을 다시 검토해보겠다는 의지를 밝힐 수도 있다. 조직은 많은 사람이 함께 하기에 그만큼 다양한 생각이 있다. 이게 갈등이 될지 시너지가 될지에 대한 열쇠는 조직문화가 갖고 있다. 리더가 충분히 소통하고 작은 변화라도 만들기 위해 노력하는 시도가 중요한 이유다.

지시 말고 질문으로 변화하기

조직은 항상 변화를 요구받는다. 새로운 제품은 없는지, 색다른 영업 전략을 세울 순 없는지, 혁신적인 마케팅 툴은 없을까 등등. 그래야 실적이 나기 때문이다. 조직문화도 마찬가지다. 어떻게 일할 것인가, 구성원이 어떤 관계를 맺도록 할 것인가 등 더 나은 조직을 만들기 위해서도 의도적인 변화의 노력이 필요하다. 하지만 이건 너무 어렵다. 나의 작은 습관 하나 바꾸기도 힘든데 조직 전체의 업무 방식을 바꾸는 건 여러 사람의 변화가 필요하다. 그래서 리더에겐 변화를 이끄는 스킬이 필요하다. 그 방법을 함께 찾아가보자.

조직의 강점 찾아보기

뭐든 "바꾸자"고 했을 때 사람들은 생각한다.

223

'지금도 다 나쁘진 않은데…'

당연하다. 이 세상에 '모든 게 문제인 조직'은 없다. 그래서 조직 문화를 바꾸려고 하더라도 현재 갖고 있는 '유산'을 적절히 받아들이는 게 중요하다. 이를 달리 말하면 조직의 '강점'을 먼저 파악하는 것이다.

동료끼리 협력이 잘 이뤄지지 않는 문화를 바꾸고 싶은가? 이 말은 달리 하면 각자의 역할에 너무 충실하다는 반증일 수 있다. 회의를 하기만 하면 너무 길어지는 상황이 문제라 생각된다면? 이건 각자의 입장을 충분히 설명할 수 있는 문화가 갖춰져 있다는 의미이기도 하다. 나쁜 현상을 무시하고 좋게만 생각해야 한다는 뜻이 아니다. 어떤 상황이 문제라 하더라도 그로 인한 '긍정적 현상'도 있을 수 있다는 생각의 전환이 필요하다는 의미다.

조직문화를 변화시키려 할 때 긍정적 관점을 보는 게 중요한 이유는, 그래야 변화 주체인 구성원들의 마음이 열리기 때문이다. 변화는 누구에게나 힘들다. 이 힘듦을 조금이라도 줄이려면 현재에 대한 인정이 필요하다. '지금도 잘 하고 있다', '현재의 모습도 괜찮다'는 걸 의도적으로 밝혀야 한다. 믿지 않는 것에 대해 억지로 인정하라는 의미가 아니다. 어떤 입장에서 보느냐에 따라 괜찮은 모습도 있을 수 있다는 뜻이다. 비록 그게 'BEST'는 아닐지라도 말이다.

변화를 위해 버려야 할 '일방적 지시'

강점에 대해 인정을 한 다음부터가 본경기다. 현 상황을 직시하고 이를 어떻게 바꿔야 할지 방법을 찾아야 한다. 대전제는 '함께'다. 변화 과제가 떨어졌을 때 어떤 리더들은 생각한다. '문제는 알았고, 해결책이 보이니까 이렇게 하라고 지시만 명확하게 하면 되겠네.' 이건 빠를 순 있지만 효과적이진 않다.

첫 번재는 두 가지 이유가 있다. 일단 리더가 파악한 문제와 구성원이 체감하는 문제가 다를 수 있어서다. "실행 속도를 높이자"라는 과제에 대해 리더는 구성원 간 소통 부족을 원인으로 생각하는데 구성원은 리더의 느린 의사결정이 문제라 인식할 수 있다. 원인을 잘못 파악하면 그 뒤는 보나 마나다. 그래서 직감이 아닌, 정확한 파악이 먼저다.

이를 위해서는 일단 구성원의 생각을 들어봐야 한다. 현재 우리 조직이 처한 문제 상황의 원인이 무엇인지에 대해 물어보라는 의미다. 리더가 듣기에 틀린 생각일 수도 있다. 말해봐야 바꿀 수 없는 문제인 것도 있다. 그래도 일단 들어야 한다. 리더의 "그게 그렇게 중요한 문제야?"라는 한마디가 구성원의 입을 닫게 할 수 있다. 이 다음, 충분히 들은 뒤의 역할이 중요하다. 구성원의 머리에서 나온 다양한 의견을 정리하는 것이다. 이게 '사람' 때문인지, '프로세스'의 문제인지 등 카테고리화 해주는 것이다. 그리고 이를 토대로 해결책을 찾도록 이끌어야 한다. 좋은 아이디어는 질이 아닌 양에서 나온다는 말처럼, 뭐든 이야기가 나오도록 '인내비용'을 견디자. 그게 변화를 이끄는 시작이다.

리더의 일방적 빠른 지시가 갖는 두 번째 문제는 해결책의 적합성이다. 운 좋게 리더가 파악한 원인이 정확했더라도 답을 제시하는 건 또 다른 역량이다. '리더의 의사결정'을 느린 실행력의 원인으로 파악해 '일단 빠르게 결정해준다'라는 솔루션을 제시한다고 가정해보자. 구성원이 만족할까? 어쩌면 직원들은 속도가 아닌 '결정의 근거'를 더 상세히 듣길 원할 수도 있다. 혹은 회사 전체 차원의 보고 체계로 결정이 지연되는 시스템을 바꿔야 해결된다고 생각할지 모른다. 그래서 문제의 해결책도 '함께' 만드는 게 필요하다. 구성원을 참여시켜 도움을 받자는 뜻이다.

해결책을 찾을 때는 그 아이디어가 실제 실현될 수 있게 만드는 것도 중요하다. 단순한 소원수리가 아닌 진짜 변화를 이끌기 위한 방법을 만들어야 한다. 이를 위해서는 제시된 아이디어를 다양한 관점에서 분석해야 한다. 이때 가장 쉽게 활용할 수 있는 방법이 '의도적 반대자' 만들기다. 그의 역할은 아이디어에 대해 "가능할까?"라는 질문을 끊임없이 던지는 것이다. 반대자의 질문을 듣고 다른 사람들은 애초에 제시된 아이디어의 당위성을 주장하거나 더 나은 방안을 제시해야 한다. 반대자가 더 이상 할 말이 없게 만드는 게 최선이다. 하지만 그렇게 완벽한 아이디어를 만들어 내긴 어렵다. 대신 '이런 상황에는 최소한 이렇게'라는 식으로 제안의 실행

조건을 구체화하는 것만으로도 충분한 의미가 있다.

해결책을 찾는 이유는 변화하기 위해서다. 그래서 많은 방법보다 양은 적어도 맞는 방법이 필요하다. 제대로 된 해결책을 함께 찾아내는 게 중요한 이유다.

'똑같은 일을 계속 반복하면서 다른 결과를 기대하는 것'을 한마디로 하면, '미친 짓'이다. 아인슈타인의 말이다. 조직문화도 마찬가지다. 그래서 힘들고 어려운 변화이지만 함께 바꾸려는 리더의 노력이 필요하다.

Essential tip

무엇보다도 일방적 지시를 가장 효과 없게 만드는 이유는 지시의 함정이다. 리더가 "이렇게 하라"고 지시하면 메시지 전달은 빠르다. 하지만 그걸 받아들이는 구성원은 전혀 준비가 되어 있지 않다. 그래서 시키기 전에 리더가 먼저 바뀌어야 한다. 구성원들에게 시키기만 하는 리더십으로는 변화를 이끌 수 없다. 함께 바뀌는 게 가장 중요하다. 그래서 앞에서 만든 많은 아이디어 중 스스로 할 수 있는 것을 찾는 게 필요하다. 구성원을 통한 게 아닌, 리더가 먼저 바뀐 모습을 보이는 것만큼 큰 메시지는 없다. 바꾸라고 말하기 전에 '무엇을 바꿀까'를 고민하자.

위기에 대응하는 자세

일을 하다 보면 수많은 변수가 생긴다. 제한된 시장을 놓고 치열하게 다투는 경쟁사의 급성장으로 계획했던 일이 제대로 이뤄지지 않을 수도 있고, 아무 문제 없이 잘 돌아가던 협력사에 갑자기 문제가 생겨 업무에 차질을 입기도 한다. 2020년 발발한 코로나19처럼 누구도 예상하지 못한 변수 때문에 알 수 없는 미래가 펼쳐지기도 한다.

이유가 어찌됐든 중요한 것은, 애초 목표한 걸 이루지 못하게 된 위기상황을 어떻게 대처하느냐다. 특히 조직의 성과를 보여줘야 하는 리더라면 더욱 그렇다. 누구도 원치 않지만 누구에게나 닥칠 수 있는 위기 상황을 대처하는 방법 두 가지를 기억하자.

'더 단단해지는 과정'으로 생각하는 마인드

2016년 리우올림픽에서 스타가 된 선수가 있다. 결승전에서 벼랑 끝에 몰린 상황, 응원을 하는 사람들조차 '아쉽지만 졌구나'란 생각을 하지 않을 수 없었다. 하지만 정작 그 선수는 한 켠에 앉아 "할 수 있다"고 되뇌고 있었다. 바로 펜싱 금메달리스트 박상영 선수다. 이처럼 위기 상황에서 일단 필요한 건 '할 수 있다'는 마인드다. 그런데 그런 마음가짐만으론 아무것도 달라지지 않는다. 다짐과 함께 전략이 필요하다. 앞으로 남은 시간에 기존과 어떤 다른 전략으로 나설지, 상대의 공격을 어떻게 막아낼 것인지 등에 대한 전략적인 준비를 해야 한다. 그래야 내가 원하는 결과를 만들어 낼 수 있다.

이런 준비의 밑바탕에는 '안티프래질'에 대한 인식이 필요하다. 이 말은 《블랙 스완The Black Swan》으로 널리 알려진 나심 니콜라스 탈레브Nassim Nicholas Taleb가 만든 용어다. 충격을 받으면 쉽게 깨지는 프래질fragile의 반대 개념은 강함이나 탄력적인 게 아니라 '충격을 통해 더 단단해지는 것'이라 설명하며 이를 안티프래질antifragile이라고 했다. 이 개념을 쉽게 설명하면 이렇다. 우리 몸의 건강을 유지하겠다고 무균실에서만 지내는 건 답이 아니다. 편안하게 쉬기만 한다고 건강이 유지되는 것도 아니다. 오히려 가끔 힘든 운동을 해야 한다. 바이러스를 막기 위해 예방주사라는 명목으로 일부러 몸에 또 다른 바이러스를 심기도 한다. 이를 통해 육체적으로 힘든 상황을 이겨낼 수 있고, 나쁜 세균에 맞서 싸워 건강을 유지할 수도 있다. 사람의 몸처럼 저항을 극복하며 더 강해지는 게 안티프래질이다.

이는 조직도 마찬가지다. 내가 모든 걸 통제할 수 있는 비즈니스 환경은 없다. 오히려 반대로, 내가 통제할 수 있는 게 거의 없는 싸움터에서 매일을 버텨야 한다. 결국 업무 과정에서 조직에 위험한 상황이 생기는 게 당연한 이치다. 이런 어려움을 조직이 깨지는 과정으로 인식하지 말고 더 단단해지는 계기로 삼아야 한다.

앞에서도 말했듯, 리더는 성과로 말해야만 한다. 그 과정에 생길 수 있는 다양한 저항을 어떤 관점으로 바라볼 것인가는 리더의 선택이다. 포기하고 물러설 것인가 아니면 이를 발판 삼아 도약할 것인가, 이에 대한 선택이 조직의 결과물을 결정한다.

단호하게 결정하고 실행하기

리더로서 어려운 상황에서도 결과를 만들어 내야 할 때 필요한 두 번째는 '단호함'이다. 위기 상황이 닥치면 사람들의 머릿속에는 일단 '변명'이 떠오른다. '난 충분히 노력했는데 다른 업체나 부서가 지원해 주지 않아서 결과가 이럴 수밖에 없었다'는 남 탓, '아무리 노력해도 안 되는 건 안 되는 거다'라는 환경 탓 등이 대표적이다. 이를 심리학에선 자기방어기제로 해석한다. 이것이 나쁜 건 아니다. 스스로 무너지지 않기 위한, 크게 상처받지 않기 위한 최선의 노력이니까 당연한 대응이다. 만약 이것이 개인 삶의 영역이라면 충분히 괜찮다. 하지만 성과를 내야만 하는 비즈니스에선 상황이 좀 달라진다. 만약 이렇게 방어를 할 거라면 반대의 상황도 수용해야 한다. 실적이 나쁠 때 '탓'을 하듯 큰 성과를 냈을 때 역시 '탓'을 해야 한다는 말이다. '난 원래 하던 대로 했는데 거래처가 좋은 조건을 제시해줘서' 성과를 잘 냈거나, '이런 기획까진 아니었는데 협력사가 혁신적인 제안을 한 덕에' 좋은 결과를 얻었을 수도 있다. 하지만 이럴 때 나의 노력에 대한 어필을 줄이고 성과를 축소해 올리는 경우를 지금까지 본 적이 없다. 달면 삼키고 쓰면 뱉는 건, 비겁한 행동 아닐까?

변명보단 당장 개선해야 할 행동을 찾는 게 급선무다. 위기 상황에서 성과를 내려면 과감하게 버릴 건 버려야 한다. 그것이 일일 수도, 마음이 아프지만 사람일 때도 있다. '지금껏 공들여 만들어 와서 버리긴 아깝다'는 생각에 결단 못거나 '능력은 좀 부족하지만 열심히 하니까'라는 생각 때문에 자원을 효율적으로 쓰지 못한다면 결과를 만들기 쉽지 않다. 모든 의사결정 상황에서 이렇게 행동해야 한다는 의미는 아니다. 다만 계절이 바뀌면 옷이 달라져야 하듯, 조직이 처한 환경이 달라지면 리더의 행동 역시 달라져야 한다. 앞으로를 위한 과정, 투자가 중요할 때와 당장의 결과가 중요할 때 리더의 모습은 바뀌어야 한다.

'군주론'을 주장한 마키아벨리도 마찬가지 생각이었다. 사람들은 그가 주장한 리더십을 '나쁜 사람이 되어도 된다'라고 오해한다. 그럴 만한 게, 그가 '더 나은 통치를 위해서는 비도덕적 행위도 허용된다'라고 말했기 때문이다. 다만 마키아벨리가 이를 주창할 때의 시대 상황과 연결해 맥락을 해석해야 한다. 당시 마키아벨리는 약소국 피렌체의 국민으로, 강한 주변국의 공격에 맞서야만 했다. 그래서 피렌체의 리더들에게는 없지만 주변 강국의 리더들이 갖고 있는 게 무엇인지 찾았고, 그것이 용기와 결단력, 가끔은 비정해 보이기까지 하는 모습임을 발견했다. 위기 상황에서는 리더십도 달라야 함을 설명한 것이다.

당장 결과를 만들어 내려면 '좋은 사람'이라는 함정에 빠지지 말고 조직이 추구해야 할 본질에 집중해 냉철하게 판단하고 빠르게 움직여야 한다. 일상적 상황에서 필요한 리더의 모습과 위기 순간의 리더의 행동은 달라야 한다.

Essential tip

일을 하다 보면 예상치 않은 문제는 항상 생긴다. 최선을 다했지만 원하는 결과를 얻어내지 못할 때도 많다. 중요한 건 그에 대한 대응이다. 포기하지 말고 다시 딛고 일어서고, 단호하게 결정하고 새롭게 시도해 결과를 만들어 내는 게 필요하다. 그래서 일본의 대표적 기업가 혼다 소이치로本田宗一郎의 말을 곱씹어볼 필요가 있다. "사람에게는 실패할 권리가 있다, 하지만 거기에는 반성이라는 의무가 붙는다." 시도와 도전도 결국 결과를 만들어 내기 위함임을 기억하자.

'일단 모이는' 회의는 그만

대한상공회의소가 글로벌 컨설팅회사 맥킨지와 함께 조사한 자료에 따르면, 직장인은 회의와 관련된 일에 업무 시간의 39퍼센트를 쓴다고 한다. 하지만 많은 기업 구성원과 인터뷰를 했을 때 "우리 회의는 정말 생산적입니다"라고 말하는 사람은 한 명도 본 적이 없다. 잡코리아 조사 결과에서도 직장인의 과반수 이상이 회의 문화에 만족하지 않는다고 답했다. "회의를 할 때마다 회의감이 든다"고 말할 정도다.

그렇다면 회사에서 꼭 필요한 회의가 이렇게 홀대당하지 않으려면 어떻게 해야 할까?

회의의 주제를 점검하자

대부분의 조직은 주간 회의를 한다. 한 주간의 업무를 점검하고 해야 할 일을 확인하는 시간이다. 월말이 되면 월례 회의가 열린다. 월 단위의 마감이 필요해서다. 이것만 있으면 다행이다. 프로젝트가 잘 마무리됐으니 내용 공유를 위한 회의를 소집한다. 임원의 전달 사항이 있다며 긴급 회의가 또 열린다. 본부장 보고 자료를 만들었는데 팀장이 이해가 잘 안 된다며 내용 설명을 요청해 회의가 시작된다.

이 가운데 진짜 필요한 회의는 뭘까? 물론 모든 게 하면 좋다. 주간, 월간 회의를 통해 서로의 하는 일을 파악할 수 있으니 말이다. 또한 잘 해낸 프로젝트의 성공 요인을 알 수도 있고, 상사의 의중을 파악할 수 있어 앞으로의 일이 수월해지기도 한다. 하지만 문제는 '하면 좋은' 회의들을 하느라 정작 중요한 일에 집중할 시간이 줄어든다는 것이다.

회의는 '같이 모이는 것'이 전부가 아니다. 왜 모이는지를 명확히 해야 한다. 이에 대한 답은, 집단 지성이 필요할 때만 모이는 것이다. 회의는 한 사람의 이야기를 전달하는 게 아닌, 아이디어를 함께 모으는 목적일 때 의미가 있다. 그래서 현대카드는 부서별 업무 보고 중심으로 진행됐던 임원 회의를 없앴다. 정례 업무 보고를 매달 이메일 보고로 대체한 것이다. 대신 회사 경영에 중요한 이슈를 중점적으로 토론하는 포커스 미팅을 매주 진행한다.

이처럼 회의를 없앤 변화가 의미하는 바는 크게 세 가지다. 첫째, 내 업무, 우리 부서의 실적을 자랑하기 위해 없어도 있는 것처럼 만들어야 했던 회의용 보고 자료 작성을 위한 시간을 줄일 수 있다. 둘째, 굳이 몰라도 되는 상대 부서의 업무 현황(자기 부서 자랑이 대부분인)을 듣느라 리더들의 귀한 시간을 쓰지 않아도 됐다. 셋째, 회사의 중요한 이슈를 회의를 통해 빠르게 결정할 수 있게 된다.

이렇게 말하면 어떤 리더는 걱정스럽게 묻는다.

"하지만 주간 보고 회의는 해야 하지 않나요? 서로 뭘 하는지 알아야 도와줄 수도 있고, 그게 팀으로 일하는 목적이라고 보는데…."

충분히 의미 있는 지적이다. 최소한 일주일에 한 번 주간보고 회의 때 다같이 얼굴을 보며 서로의 안부를 챙기는 것도 좋다. 중요한건 그때 무슨 이야기를 하느냐다. 각자의 업무 공유는, 필요한 사람이랑만 하면 된다. 쉽게 말해, 구성원 개개인이 리더와 일대일로 하면 된다는 뜻이다. 회의는 업무 중 생긴 문제를 공유하는 자리로 만들어야 한다. "거래처가 단가 압박을 심하게 해서 고민입니다"라거나 "마케팅 보고서를 작성하고 있는데 아이디어가 떠오르지 않아 진도가 나가지 않네요" 같은 이슈 중심의 논의가 필요하다는 의미다. 이런 회의여야, 비슷한 문제를 겪었던 다른 구성원의 노하우를 얻거나 서로의 경험을 나누며 생각지 못했던 해결책을 찾아낼 수도 있다.

모이는 것은 좋다. 세상의 많은 새로운 것들이 우연한 만남에서 시작됐다고도 하니 말이다. 하지만 그 전에, 무엇을 위해 모여야 하는지 한번 생각해보자. 목적 없는 만남은 시간 낭비일 뿐이다.

만장일치의 함정

에빌린 패러독스Abilene Paradox란 말이 있다. 관련 이야기를 보자.

> 무더운 여름날 미국 텍사스주의 한 가정에서 벌어진 일이다.
>
> 아빠: 우리 에빌린 가서 스테이크나 먹을까?
> 딸: (속마음) '더워 죽겠는데 에빌린까지 가야 해?'
> 아들: 그럴까요? 오랜만에 고기 좀 먹어볼까?
> 엄마: 가자, 그럼. 저녁 하기도 귀찮은데.
>
> 그렇게 가족은 에빌린으로 떠났다. 하지만 식사는 형편없었다. 그저, 더웠다. 돌아오는 길, 긴 여행에 지쳐 침묵에 빠진 차 안에서 대화가 시작된다.
>
> 딸: 오랜만에 외식하니 좋네요!
> 엄마: 그래? 난 별로였어. 니들이 가고 싶어 하길래 나두….
> 아들: 가고 싶었다고요? 난 아빠가 가자고 하시니까 그냥 맞장구쳐준 것뿐인데….

> 아빠: 난 다들 너무 심심해하길래 그냥 해본 말이었어. 근데 전부 찬성했잖아?

이 가족 중에 에빌린에서의 식사를 원했던 사람은? 없다. 하지만 누구도 싫다고 말하지 않았고, 결국 아무도 원치 않던 외식을 해야만 했다. 도저히 이해할 수 없는 이런 상황이 우리 '조직'에서도 벌어지고 있을지 모른다.

수많은 회의 때마다 구성원들은 싫으면 싫다고, 아닌 것은 아니라고 솔직하게 말하고 있을까? 상사의 지시 사항이 이해되지 않아도 다들 수긍하는 것 같으면 본인의 입도 닫아버리곤 한다.

그렇다면 우리는 왜 No라고 말하지 못하는 걸까? 답은 '소외에 대한 공포' 때문이다. '다들 그렇다고 하는데, 나만 굳이 아니라고 말해 이상한 사람 취급받지 않을까?'란 두려움에 입을 닫는다. 하지만 조직 입장에서 이건 치명적이다. 조직행동 전문가 스티븐 로빈스Stephen P. Robbins 교수는 "기업에서 어떤 대안을 고민할 때 반대 의견 없이 만장일치로 일 처리가 이뤄진다면, 그 조직은 집단 사고Group Think를 의심해봐야 한다"고 말했다. 만장일치는 박수받을 일이 아니라 치료가 필요한 신호라는 뜻이다.

그럼 이 문제는 어떻게 풀어야 할까? 사람들에게 "솔직하게 반대 의견을 말하세요"라고만 외친다고 해결될 문제는 아니다. 사람의 의지가 아닌 제도를 만들어야 한다. 대표적인 방법이 '악마의 대변인'을 두는 것이다. 이 제도는 1500년대 로마 카톨릭교회가 성인 반열에 오를 후보들을 심사할 때 시작됐다. 의도적으로 그들의 성품이나 업적을 반박하게끔 해서 엄격한 심사를 가능하게 했던 것이다. 이와 비슷한 형태로 '레드팀'을 운영하는 회사도 있다. 레드팀은 미군 모의 군사훈련에서 아군이 일부러 적군이 되어 공격해보는 것을 빗대 만들어진 표현이다. 속사정을 잘 아는 사람이 '이번 제안의 단점에 대해', '해당 프로젝트 수행 시의 리스크에 대해' 일부러 강한 공격을 한다. 두 제도의 공통점은 회의 안건에 대한 딴지꾼을 의도적으로 만드는 것이다. 이를 통해 실제 업무 현장에서 맞닥뜨릴 수 있는 위험 요소들을 미리 걸러낸다.

다 같은 생각을 갖고 있는 사람들 간의 회의는 편하다. 하지만 그건 의미가 없다. 서로 다른 생각이 인위적으로라도 나오게 만드는 것이 중요하다.

Essential Tip

회사는 일을 하러 모인 곳이다. 제한된 시간 동안 생산성을 얼마나 냈는가에 따라 보상을 받는다. 이를 거꾸로 생각하면, 생산성을 내지 못한 시간은 회사 입장에선 '비용'이다. 회의도 마찬가지다. 비생산적인, 결론 없는 회의에 불려들어가 앉아있는 사람들의 비용을 생각해보자. 그럼 지금처럼 '그냥' 부르는 회의, '일단 모이는' 회의를 하고 싶을 때, 한 번 더 고민하게 될 것이다.

'함께' 제대로 가기 위한 쉬어가기

코로나19는 우리 삶의 많은 걸 바꿨다. 마스크를 쓰는 게 당연한 일이었고, 사람을 직접 만나지 않고도 일상 생활에 별 지장이 없는 '언택트' 환경이 만들어졌다. 기업도 그에 따라 변했다. 재택 근무, 화상 회의 등 영화에서나 나오는 줄 알았던 일들이 빠른 속도로 일상으로 들어왔다. 휴가철을 맞아 "2주 이상도 OK"라는 헤드라인의 기사가 나올 정도로 쉼을 강조하기도 했다.

하지만 그 와중에도 회사에서는 충분히 쉬라고 하지만 "난 그럴 수 없다"고 바쁜 것을 하소연하는 직원이 많았다. 그들이 제시한 이유는 크게 두 가지다. 하나는 본인에게 주어진 일이 너무 많아서 자리를 비울 수 없다는 것이고, 다른 하나는 회사 휴가 정책은 있지만 조직의 눈치를 보느라 쉴 수 없다는 것이다. 두 가지 이유 모두, 리더의 책임이다. 리더는 일을 관리하는 사람이기도 하지만, 그 이

전에 사람을 관리해야 한다. 직원을 충분히 쉬게 하는 것도 리더의 역할이기 때문이다. 그럼 구체적으로, 무엇을 해야 할까?

구성원 모두가 '한 방'을 갖게 하라

어떤 조직이든 우수한 인재는 있다. 그들은 리더의 가려운 곳을 긁어주며 시원한 해결책을 제시해주는, 너무 고마운 직원이다. 20대 80이라는 파레토 법칙(모든 결과의 80퍼센트가 전체 원인의 20퍼센트에서 일어난다는 이론)이 조직에도 통한다고 믿는 리더도 있다. 그런데 이제는 이런 믿음을 놓아버려야 한다. 두 가지 이유 때문이다.

우선 그 첫 번째는 세상의 변화다. 세계가 이렇게 달라지리라는 걸 누가 예측할 수 있었을까? 질병만의 문제가 아니다. 기술 혁신으로 인한 사회 변화도 따라가기 힘들 정도로 빠르다. 다시 말해, 더 이상 과거의 성공을 만든 지식과 경험이 미래에도 통하리라 담보할 수 없다. 지금 훌륭한 인재가 미래에도 모든 걸 잘해내리라 무조건 믿어선 안 된다. 물론, 현재 탁월한 성과를 내면서도 꾸준히 앞선 트렌드를 연구해 나간다면, 가능할 수도 있다.

그런데 이러다 보면 두 번째 문제, 번아웃이 생긴다. 쉽게 말해, 일하다 완전히 지치는 것이다. 그래서 조직을 위해 꼭 필요한 인재가 떠나버리는 문제에 맞닥뜨릴 수도 있다. 그래서 리더의 생각이 바뀌어야 한다. 기존 '80'의 영역에 있던 직원들도 조직에 충분한 기여를 할 수 있게끔 만들어 줘야 한다. 일이 소수의 인원에게 몰려 힘들어한다면, 이를 적절히 조정해 조직 구성원 간 워크밸런스를 맞춰야 한다. 현재 업무에서 시도해볼 방법은 일의 속성을 쪼개 다른 직원들도 함께 하도록 하는 것이다. 조직에서 일이라는 건 기획, 설계, 수행 등 다양한 단계가 순차적으로 이뤄진다. 잘하는 한 사람이 다하면 리더는 편하다. 하지만 이게 반복되면 그 직원만 힘들다. 그래서 역할을 나눠보는 것이다. 초기 설계 아이디어까지는 A직원에게 맡기고 이후의 수행은 관련 경험이 있는 다른 직원에게 역할을 주는 식이다. 혹은 업무 마감 시간을 고려해 시간적으로 여유가 있는 직원이 있다면 의도적으로 그 직원에게 업무 기회를 줄 수도 있다. 이를 통해 한쪽에만 일이 몰려있던 부담을 줄일 수 있다.

나아가, 요즘 같이 누구도 정답을 제시할 수 없는 상황일수록 새로움을 받아들이고 많은 사람이 이에 도전하고 시도할 수 있는 문화를 만들 필요도 있다. 이렇게 새로운 일이 생기면, 생각지 못한 새로운 인재가 보이기도 한다. 구성원이 건강한 경쟁을 하며 서로 자극제가 되어줄 때 그 조직의 경쟁력이 높아지지 않을까?

다수의 직원이 소수의 에이스에만 기대어 묻어가는 조직이 되어선 안 된다. 모든 직원이 전부 에이스일순 없지만, 적어도 한 가지씩의 '한 방'은 있어야 한다. 없다면 그 한 방을 리더가 의도적으로 노력해 만들어 줘야 한다. 이를 통해 서로를 필요한 존재로 느끼게끔, 그래서 동료에게 감사함을 느끼며 일하는 분위기를 만들어 주는 게 리더가 할 일이다. 그게 '함께' 일하는 진짜 의미의 조직이다. 그래서 넷플릭스도 이렇게 주장을 하고 있지 않은가?

"최고의 복지는 최고의 동료와 함께 일하는 것이다."

쉬어야 '제대로' 오래 간다

조직 분위기 때문에 쉬지 못하는 직원들도 여전히 많다. 휴가 결재를 올릴 때마다 리더의 눈치를 본다는 구성원도 많다. '요즘같이 힘든 시기일수록 앞서 갈 수 있는 기회니까 더 열심히 일해야 한다'라는 리더의 생각, 동의한다. 그런데 가끔, 마른 수건 쥐어짜기를 하고 있는 건 아닌지 돌아볼 필요가 있다.

샌디에이고주립대학교 심리학과 진 트웽이Jean Twenge 교수가 진행한 실험 하나를 보자. 일상에서 흔히 볼 수 있는 수백 가지의 물건이 있다. A그룹에게는 임의로 선택된 두 가지 물건에 대해 '마음에 드는 것 하나 고르기'를 여러 번 시키고, B그룹에는 개별 상품에 대한 의견이나 사용 경험을 간단히 '기록하기'를 시켰다. 미션이 끝난 뒤, 두 그룹 사람들에게 '차가운 물에 손을 넣고 버티기'라는 같은 과제를 줬다. 결과는, A그룹의 사람들이 버티는 시간이 B그룹의 사람들보다 짧았다. 무언가 '결정'한다는 것이 많은 스트레스를 주고, 이로 인해 의지력이 바닥난다는 걸 보여준다. 흔히 "버티면 돼!"라고 말하는 의지력 역시 유한한 자원이라는 뜻이다.

이 실험에서 우리는 뭘 생각해야 할까? 항상 의사결정을 해야 하는 리더로서 나는 정말 힘든 일을 하고 있다는 자기 위안일까? 그것도 필요하다. 이와 함께, 업무에 계속 내몰리는 직원들에 대한 배려와 공감도 해야 한다. 직원들의 일도 끊임없는 결정의 과정이기 때문이다. 영업을 해야 한다면, 이 제품을 먼저 제안할까, 어떤 고객에게 먼저 가야 할까, 제안 단가는 어떻게 정할까 등 결정의 연속이다. 이런 상황에서 매번 새롭게 해보라고 어깨만 두드린다고 달라질 게 없다. 오히려 의지력이 없는, 다시 말해 힘이 빠진 상태에서의 결정으로 잘못된 선택, 무리한 시도를 할 수도 있다. 이 때문에 뒷수습을 하느라 더 큰 에너지를 써야 하는 문제도 생긴다.

그럼 어떻게 해결해야 할까? 스탠퍼드대학교 조나단 레바브Jonathan Levav 교수 연구진이 '판사들의 가석방 심사 결과'를 분석한 연구자료에서 힌트를 찾아보자. 가석방 비율은 이른 오전에 가장 높은 65퍼센트였다가, 시간이 지날수록 그 비율이 떨어지며 점심시간 직전에는 0퍼센트 수준이 됐다. 그러다 식사 후 그 비율은 다시 올라갔다가 저녁이 갈수록 다시 낮아졌다. 무슨 의미일까? 가석방을 시킨다는 것은 결정을 내리는 행동으로, 에너지가 필요하다. 위 결과는 결정과 판단을 내리려면 에너지가 있어야 함을 설명한다. 점심시간 전후로 가석방 비율이 달라지는 건, 결정할 에너지에 차이가 있었기 때문이다. 결국 방법은 '쉼'이다.

열심히, 쉬지 않고 달릴 수만 있다면 괜찮다. 하지만 기계도 무리하게 돌리면 망가지고 결국 셧다운이 되고 만다. 그런데 사람은 어떨까? 지금까지 우리는 '의지'라는 말로 노력을 강요해왔다. 힘에 부쳐 쓰러지면 능력이 부족한 걸로 자책하기도 했다. 하지만 앞의 실험과 연구가 보여주듯, 의지가 전부가 아니다. 쉬어야 오래 간다. 정확히는 '제대로' 움직일 수 있다.

"정신력으로 버틴다"는 말이 있다. 그런데 축구 국가대표 출신 이영표 선수가 이런 말을 했다.

"정신력이란 투지가 아니다. 마인드 컨트롤을 통해 평정심을 잃지 않는 멘탈의 힘이다."

결국 멘탈, 즉 마음이 건강해야 정신력도 생기는 법이다. 구성원들의 지금 마음 상태는 어떤지 돌아보자.

> **Essential Tip**
>
> 쉽게 해야 하는 이유가, 착한 사람이 되기 위해서가 아니다. 한 사람에게만 몰려있는 일을 나눠 모두가 경쟁하며 일하도록 하는 것, 적절한 휴식을 줘서 에너지를 갖고 올바른 판단을 하게 하는 것, 모두 '성과'를 만들기 때문이다. 그게 다같이 오래 가는 조직을 만들어야 하는 리더의 책임이다.

좋은 습관이 일상을 바꾼다

소외된 골목, 시장을 살리기 위해 식당을 돌며 도움을 준 프로그램이 있다. 손님 숫자를 손으로 꼽을 수 있었던 동네 식당을 '전국구 맛집'으로 만들기도 한 〈백종원의 골목식당(이하 골목식당)〉 이야기다. 어떤 식당에는 음식을 더 맛있게 만드는 법을, 또 다른 곳엔 메뉴 선정 노하우를, 어떤 사장님에겐 고객을 대하는 자세를 알려준 덕분이다. 이건 국내외에서 대략 스무 개의 외식 브랜드를 운영하는, 소위 외식업계의 대부로 불리는 백종원 대표가 있어 가능했다. 그와의 만남은 많은 식당 주인들에겐 꿈 같은 일일지 모른다. 게다가 그 만남이 단순한 친목이 아닌 '내 식당을 살려준다'는 뚜렷한 목적이 있는 거라면, 그 수혜자로 선정된 식당들은 정말 말 그대로 스펀지처럼 외식업의 노하우를 쏙쏙 빨아들여 상전벽해桑田碧海(몰라볼 정도로 엄청나게 변함)의 모습을 보여주는 게 당연할 것 같다. 그런데 가끔 한숨이 절로 나올 때가 있다. 기껏 알려줘도 본인의 과거 방식대로 돌아가는 사람들이 부지기수이기 때문이다. 이 모습을 보고 사람들은 비난의 댓글을 남긴다.

저럴 거면 방송에 왜 나왔을까요?

역시 사람은 고쳐 쓰는 게 아닌가 봅니다.

변하려는 의지가 없는 거 아닌가요?

처음에는 필자도 그런 줄 알았다. 그런데 '사람의 의지'가 전부는 아닐 수 있겠다는 사실을 깨달았다. 식당 사장님들이 과거로 돌아가는 현상은, 우리가 인간이기에 당연한 것이었다. 무슨 의미인지 천천히 살펴보자.

습관을 바꾸는 두 가지 방법

사람은 뇌의 지배를 받는다. 그리고 그 뇌는 아주 똑똑하다. 효율적으로 판단하고 움직인다. 그래서 우리는 하던 대로 하는 것이 많다. 그게 가장 효율적이기 때문이다. 출근길, 차 키를 챙겨 들고 운전을 하며 회사까지 가는 동안 우리는 운전에 얼마나 집중할까? 크게 잡아도 절반 정도 아닐까? 나머지 시간은 운전에 집중하기보다 오늘 있을 회의 안건은 뭔지, 어제 해결하지 못한 프로젝트는 어떻게 마무리해야 할지, 혹은 점심은 뭘 먹을지 등 운전과 전혀 상관없는 다른 생각들이 내 머리를 채운다. 이는 우리가 초행길을 갈 때와 비교해보면 좀 더 명확해진다. 언제 차선을 바꿔야 하는지, 속도 위반은 하지 않는지, 과속 방지턱은 어디 있는지 등 초행길의 운전은 피곤하다. 하지만 신경 쓸 필요가 없는 익숙한 길에서의 운전은 '그냥' 하는 것일 뿐이다. 좀 더 정확히 말하면 운전을 '한다'기보다 운전이 '되고 있다'고 하는 게 맞다. 만약 출근길 운전하는 것에 온통 집중해 에너지를 쏟아야 한다면, 그것도 매일매일, 우리의 일상은 너무도 피곤해질 것이다.

이 때문일까. 어떤 CEO는 매일 같은 옷을 입는 걸로 유명하다. 그것도 회색 티셔츠. 유명 브랜드의 명품을 충분히 사고도 남을 만한 재력을 갖고 있음에도 그가 '단벌' CEO 행세를 하는 이유는 뭘까? 한 강연에서 그가 한 말을 정리하면 '선택과 집중'이다. 좀 더 자세히 풀어보면, 사람들은 매일 수많은 선택과 고민을 해야 하는데, 그것이

아무리 작은 것이라도 그게 쌓이면 피로와 스트레스가 된다는 것. 그래서 본인은 업무에만 집중하기 위해, 옷을 고르는 것 같이 불필요한 작은 고민들은 하지 않기로 한 것이다. 메타 CEO 마크 저커버그Mark Zuckerberg의 이야기다.

다시 〈골목식당〉의 이야기로 돌아가보자. 출연한 사장님들이 쉽사리 바뀌지 않는 이유는 의지만의 문제는 아니다. 그들의 뇌가 추구하는 효율성 때문이다. 몇 년, 혹은 몇 십 년을 해온 그들의 방식을 누군가가 와서 바꾸려고 하면 저항이 생기는 건 당연하다. 옷 하나 고르는 것에도 스트레스를 받는 게 우리의 뇌인데, 일하는 방식을 180도 바꾸라고 했을 때 우리 뇌가 거부하는 건 어쩌면 당연하다.

결국 습관의 문제인 셈인데, 그럼 사람의 변화는 불가능한 걸까? 아니다. 방법은 있다. 역설적이지만 뇌를 다시 이용해야 한다. 달라져야 하는 행동을 '원래 그랬던 것'처럼 만들어야 한다. 또 다른 습관으로 바꿔야 한다는 의미다.

① 상벌을 활용하라

방법은 두 가지다. 하나는 '상벌賞罰'을 활용하는 것이다. 무언가 큰 보상을 걸고 의도적으로 그 행동을 하게 하거나 큰 처벌을 피하기 위해 행동을 바꾸게 하는 것이다. 〈골목식당〉프로그램에서 이 방법이 먹혀서 소위 '개과천선'한 인물로 회자되는 사장님이 있다. 어머니 가게를 물려 받겠다고는 하지만 식당 현황은 물론 음식에 대해서도 전혀 몰랐던 아들. 그를 바꾸기 위해 백종원 대표가 각서를 받는다. '만약 그 약속을 지키지 않을 경우 가게를 위해 백종원 대표가 지불한 비용의 다섯 배를 배상하겠다'는 내용이었다. 그 약속은 간단하지만 무서웠다. '매일의 루틴을 문자로 보고하기'였다. 새벽 출근 사진, 아침에 재료 준비한 것, 퇴근 전 정리 사항 등 매일매일 알렸다. 상을 받기 위해 혹은 벌을 피하기 위해 우리의 뇌는 달라진 행동에 익숙해지려 애를 쓴다. 이게 지속되면 습관이 된다.

② 기존 습관을 이용하라

하지만 이처럼 나의 행동을 강제할 만한 장치가 딱히 없다면, 기존 습관을 이용해야 한다. 원래 습관을 이용해 새로운 습관을 만들 수 있다. 방법은 간단하다. 내가 '갖고 싶은 습관'을 현재 '갖고 있는 습관'과 연결시키는 것이다. 예를 들어 책상에 쌓여있지만 자꾸 잊어 버리는 '영양제 매일 챙겨 먹기'를 습관이 되게 하려면? 내가 매일 '습관적'으로 하는 행동을 떠올려보자. 만약 출근하자마자 커피를 타 마시는 습관이 있다면? '커피를 타서 자리에 앉으면(기존 습관) 영양제를 챙겨 먹는다(원하는 습관)'라는 새로운 행동 루틴을 만드는 것이다. 바쁘다는 핑계로 잘 챙기지 못한 인맥관리를 잘 하고 싶다면? 매주 챙겨보는 예능 프로그램(기존 습관)이 끝나면 안부 문자 보내기(원하는 습관)라는 패턴을 만들 수 있다. 항상 하던 행동에 내가 원하는 '작은 변화'를 붙이는 것이다. 작고 쉽게 시작된 변화가 하나둘 쌓이다 보면, 생각지도 않게 달라진 나의 일상, 다시 말해 새로운 습관을 갖게 될 것이다.

앞서 예로 들었던 '운전'을 다시 생각해보자. 누구나 초보운전 시기가 있었다. 그때는 어딜 가나 힘들었다. 지금 내가 밟고 있는 게 브레이크인지 엑셀인지 고민해야 했고, 오른쪽 깜빡이를 켤 때 위로 올려야 하는지 아래로 내려야 하는지 생각이 필요했다. 하지만 시간이 지나면 쉬워진다. 그래서 운전하며 노래도 부르고, 통화도 하고, 딴 생각도 한다. 그게 습관의 힘이다.

　우리의 뇌를 중요한 것에 집중하게 하려면 일상의 많은 것을 습관으로 만들어야 한다. 당연히 "좋은" 방향으로!

Essential tip

<골목식당>에 나온 많은 식당들이 위생 문제로 지적을 받는다. 그 모습을 본 진행자 김성주가 이런 말을 했다. 유명 셰프들이 출연한 요리 프로그램을 진행하며 놀란 게 있었단다. 모든 요리사가 하나의 조리 과정이 끝나고 나면 항상 '씻고 정리를 한다'는 것. 그게 대단해 보인 것은, 그 프로그램에선 15분이라는 촉박한 시간 동안 요리를 완성해야 했기 때문이다. 음식 만들기만으로도 벅찬 시간이었지만 그들에게는 '정리'가 습관이었던 셈이다. 그래서 습관은 무섭고, 힘이 세다. 스스로에게 물어보자. "나는 어떤 좋은 습관을 갖고 있는가?"

SELFISH
LEADER

이기적 리더

초판 1쇄 발행 2023년 8월 18일

지은이   김한솔
펴낸이   김현태
펴낸곳   책세상
등 록   1975년 5월 21일 제2017-000226호
주 소   서울시 마포구 잔다리로 62-1, 3층(04031)
전 화   02-704-1251
팩 스   02-719-1258
이메일   editor@chaeksesang.com
광고·제휴 문의   creator@chaeksesang.com
홈페이지   chaeksesang.com
페이스북   /chaeksesang   트위터   @chaeksesang
인스타그램   @chaeksesang   네이버포스트   bkworldpub

ISBN   979-11-5931-229-8 03320